W0310743

DUMONT DIREKT

Hamburg

Ralf Groschwitz

Inhalt

Das Beste zu Beginn

Oben statt unten – die U 3
Neben den klassischen Besichtigungstouren bietet sich als preiswerte Alternative die Fahrt mit der gelben U-Bahn-Linie 3 an. Die Fahrt auf der Ring-Strecke ist meist oberirdisch, sodass es eine Menge zu sehen und zu entdecken gibt, beispielsweise das Hafenpanorama bei den Landungsbrücken mit Blick auf die Elbphilharmonie.

Einmal um die Alster
Die Jogging-Strecke rund um die Außenalster ist auch ein Klassiker für Spaziergänger. Hier präsentiert sich Hamburg städtebaulich von seiner prachtvollen und eleganten Seite. Einmal rum, hat man gut 7,5 km zurückgelegt – an Wochenenden ist hier richtig was los, halb Hamburg ist dann auf den Beinen.

Das alte Hamburg
In zahlreiche Häuser der ›Historischen Deichstraße‹ mit ihren Speicherhäusern aus dem 17. und 18. Jh. sind inzwischen Restaurants und Kneipen eingezogen, die dazu beitragen, dass es hier wieder höchst lebendig zugeht (www.deichstrasse hamburg.de).

Das Beste im Winter
Nach Grünkohl ist Labskaus das zweite Hamburger Nationalgericht. In vielen Betrieben werden zu Beginn der Grünkohlsaison Kohl-Ausflugsfahrten organisiert. Der Kohl ist gesund und schmackhaft und wird gerne mit süßen Röstkartoffeln, Kasseler, Schweinebacke und Kochwurst serviert. Einfach mal probieren.

Schietwetter
Der Mythos vom Hamburger Schmuddelwetter: So schlecht ist das Klima in der Stadt allen Vorurteilen zum Trotz gar nicht. Durchschnittlich 133 Regentage im Jahr gibt es in Hamburg, genauso viele sind es auch in München. Mit gut 970 Litern pro Jahr und Quadratmetern liegt die bayerische Hauptstadt sogar vor der Hansestadt (770 Liter).

Der Löwe ist los

Zu einem Hamburgbesuch mit oder ohne Kinder gehört auf jeden Fall auch Hagenbecks Tierpark mit wirklich sehenswerten Attraktionen wie dem Tropen-Aquarium und dem Orang-Utan-Haus. 1907 wurde der weltweit erste Tierpark ohne Gitter hier in Stellingen eröffnet (www.hagenbeck.de). Der Tierpark ist übrigens Deutschlands einziger in Familienbesitz geführter Privatzoo.

Besuch der alten Dame

Die Königin der Meere und Hamburg, das ist eine ganz besondere Beziehung. Schon über 50 Mal war die Queen Mary 2 zu Gast in der Stadt. 2016 machte sie für Umbauarbeiten im Trockendock von Blohm + Voss für einen Monat fest. Die Dame wird einfach geliebt, 250 000 Menschen feierten 2014 den 10. Jahrestag ihres Erstbesuchs im Hafen. Seien Sie nächstes Mal auch dabei (www.hamburg.de/queen-mary-hamburg.de).

Germany Zero Points

Mitte Mai findet jedes Jahr auf dem Spielbudenplatz in St. Pauli Deutschlands größte Party zum Eurovision Song Contest statt. Trotz null Punkten für Germany – die Party läuft (www.spielbudenplatz.eu).

Hamburger Dom

Wer will noch mal, wer hat noch nicht? Norddeutschlands größtes Volksfest mit über 260 Schaustellern findet dreimal im Jahr auf dem Heiligengeistfeld statt. Seine Geschichte geht bis ins 11. Jh. zurück.

Seit über 30 Jahren lebe ich in Hamburg-Eppendorf. Einmal aus Bremen hier angekommen, ziehe ich nicht wieder weg. Das Wetter ist besser als sein Ruf, die Menschen sind aufgeschlossen und direkt – für mich ist und bleibt Hamburg die schönste Großstadt im Land.

Fragen? Erfahrungen? Ideen?

Ich freue mich auf Post.

@ *Mein Postfach bei DuMont:*
r.groschwitz@dumontreise.de

Das ist Hamburg

Die Elbmetropole lebt und kann begeistern. Das zeigen schon allein die steigenden Zahlen bei den Übernachtungen. Über 7,5 Mio. Besucher (2019) machen die Stadt zu einem der Top-Touristikziele in Deutschland. Nach den Corona-Jahren gilt wieder: Hamburg macht einfach Spaß und bietet jede Menge Abwechslung, was der Besucher auch spürt.

Die Stadt am Wasser

Der Hamburger Hafen, immerhin nach Rotterdam der zweitgrößte Containerhafen Europas, verleiht der Stadt und seinen Besuchern das Gefühl von großer weiter Welt. Die riesigen Containerschiffe aus aller Herren Länder, umtriebige Barkassen und die Cruise Days im Sommer mit der Auslaufparade der großen Kreuzfahrtschiffe – das lässt Fernweh aufkommen und macht Lust auf Meer. Wer den Hafen kennenlernen möchte, sollte sich den jährlich stattfindenden Hafengeburtstag, das größte mehrtägige Hafenfest der Welt, nicht entgehen lassen oder sich einfach eine Hafenrundfahrt gönnen. Auch Spaziergänge entlang der St.-Pauli-Landungsbrücken, in der Speicherstadt, in der HafenCity mit der imposanten Elbphilharmonie oder am Fischmarkt lassen den Besuch zu einem bleibenden Erlebnis werden. Aber in Hamburg gibt es nicht nur die Elbe. So durchqueren Fleete und Kanäle die Elbmetropole, die von knapp 2500 Brücken überspannt sind. Die vom Fluss zum See aufgestaute Binnen- und Außenalster ist städtebaulich ein Gesamtkunstwerk. Bereits im 13. Jh. wurde ein Damm gebaut, der die Alster staute. Bevölkert wird die Binnenalster von rund 120 Alsterschwänen. Sie sind heute lebende Wahrzeichen der Stadt, waren aber in der Vergangenheit eindrucksvolles Sinnbild für die staatliche Unabhängigkeit Hamburgs.

Es grünt so grün ...

Wenn man die Stadt im Frühjahr oder im Sommer besucht, stellt man aber auch fest: Hamburg ist unglaublich grün und voller Alleen, Parks und Wäldern. 250 000 Straßenbäume sorgen für frische Luft. Die Gebiete um die Alster und Richtung Blankenese lassen eher an mediterrane Landschaften als an eine norddeutsche Millionenmetropole denken. Auch die zur Landschaft gestaltete Parkanlage des Ohlsdorfer Friedhofs beeindruckt die meisten Besucher. Als eine der größten Begräbnisstätten der Welt mit vielen Gräbern bekannter Persönlichkeiten weist die Anlage ein eigenes Straßensystem und eine beachtenswerte Gestaltung auf.

Pfeffersäcke und bodenständige Herzlichkeit

Hamburger verstehen sich aufs Handeln, das zeigt auch ein Blick in den Hafen über die Kaimauern hinweg. Neben all dem modernsten Hightech lebt aber auch die Tradition fort. Per Handschlag werden häufig Geschäfte beschlossen, abgemacht ist abgemacht und das wird eingehalten, denn: Jeder Kaufmann verkauft seine Großmutter, aber der Hamburger liefert sie auch.

Mit Schwung durch die neue HafenCity

Das in der Stadt verdiente Geld muss natürlich unter die Leute gebracht werden. In Hamburg werden statistisch mit Abstand die höchsten Gehälter in Deutschland gezahlt. Gute Aussichten also, um vielseitig und stilvoll einzukaufen. Es hält sich hartnäckig das Vorurteil, dass die Einheimischen mit Nachdruck britisches Understatement pflegen. Dabei gilt es, nicht unangenehm aufzufallen, denn die feine Lebensart wird hier mit einer gewissen Lässigkeit kultiviert. Entgegen der landläufigen Meinung sind die Hamburger auch gar nicht so verschlossen und zugeknöpft. Im Gegenteil, die vermeintlich kühle, aber doch herzliche norddeutsche Art und Weise ist überall zugegen. Die Widersprüche der Stadt und ihrer Bewohner sind es, die den Reiz ausmachen – auf der einen Seite verdeckte Eleganz und stillschweigendes Mäzenatentum, auf der anderen Seite freundlich bodenständiger Umgang der plattdeutschen Art. Und Plattdeutsch ist wieder sehr im Kommen – nicht erst seit Ina Müller, die zwar nicht aus Hamburg stammt, aber trotzdem bestimmt eine gute Botschafterin der Stadt wäre.

Savoir vivre auf Norddeutsch

Viele aus aller Welt Zugereiste erweisen dem offenen Klima der Stadt ihre Reverenz. Die Verlockungen aus tausend und einem Topf internationaler Restaurants schätzt man in der Hansestadt sehr, und Stadtviertel mit multikultureller Nachbarschaft locken im Idealfall mit ihrer Lebendigkeit. Natürlich gibt es auch Viertel, in denen gerade dieses Zusammenleben verschiedener Kulturen Probleme bereitet. Hamburg ist eben immer noch Deutschlands Tor zur Welt. Diese Haltung und Weltoffenheit hat den Geist der Stadt denn auch über die Jahrhunderte geprägt und bis heute bewahrt: Leben und leben lassen war und ist die Maxime. Und freigiebig ist die Stadt auch heute gegenüber dem Besucher, denn ein bisschen von der hamburgischen Lebensart kann jeder mit nach Hause nehmen.

Hamburg in Zahlen

3
Flüsse durchqueren die Stadt.

4
Quadratkilometer misst der Ohlsdorfer Friedhof – Rekord in Europa.

9,8
Grad Celsius beträgt die durchschnittliche Lufttemperatur im Jahresmittel.

10
Prozent der Stadtfläche entfallen auf den Hafen (aufgerundet).

98
akkreditierte Konsulate sind vor Ort.

104
Stadtteile und ebenso viele Welten

116,2
Meter über NN – der Hasselbrack ist die höchste Erhebung in den Harburger Bergen.

278
Meter: Der Fernsehturm ist das höchste Gebäude (der Michel kommt nur auf 132 Meter).

755
Quadratkilometer Stadtfläche und somit flächenmäßig die zweitgrößte Stadt Deutschlands

274
Kreuzfahrtschiffe pro Jahr laufen den Hamburger Hafen an.

833
Mal hat der Hafen schon Geburtstag gehabt (2022).

900
Kilometer Wanderwege laden zu sportlichen Aktivitäten ein.

1014
Pflanzenarten wachsen in der Stadt.

2500
Brücken (mehr als Venedig oder Berlin) verhindern, dass die Füße nass werden.

3325
Meter lang ist der Neue Elbtunnel.

250 000
Bäume säumen die Straßen und Wege.

450 000
Reisende sind pro Tag im Hauptbahnhof unterwegs.

789 000 000
Euro kostet den Steuerzahler die Elbphilharmonie.

Was ist wo?

Die zweitgrößte Stadt Deutschlands liegt an drei Flüssen, an der Alster mit ihren Quellen nördlich der Stadt, an der Bille und natürlich an der Elbe, die in die Nordsee mündet. Die für den Besucher interessantesten Viertel befinden sich rund um die Alster und entlang der Elbe. Auf das Auto lässt sich übrigens gut verzichten, fast alle Bereiche im Großraum Hamburg sind einfach und bequem mit Bussen, Bahnen, Fähren und Alsterdampfern erreichbar.

City

Der **Rathausmarkt** (Karte 2, G 3) mit dem sehenswerten Rathaus im Stil der Neorenaissance ist der Mittelpunkt Hamburgs. Zwischen Hauptbahnhof (Karte 2, J 3) und Gänsemarkt (Karte 2, F 2) befindet sich das **historische Zentrum,** die Passagen und Einkaufsadressen von internationalem Rang sind hier angesiedelt. Aber auch die Freunde der schönen Künste kommen auf ihre Kosten: Neben der **Museumsmeile** mit Kunsthalle, Galerie der Gegenwart und den Deichtorhallen laden Thalia Theater, Deutsches Schauspielhaus und die Oper zum Besuch ein.

Eppendorf

Eppendorf ist schön, aber auch teuer. Feine Restaurants, Geschäfte mit exklusiven Auslagen und großzügig geschnittene Altbauwohnungen mit bis zu 300 m^2 versprechen Dolce Vita auf höchstem Niveau. Der Stadtteil ist denn auch bei allen, die es sich leisten können, als Wohnadresse sehr begehrt. Mit Eppendorf verbindet man natürlich auch das Onkel Pö, jene legendäre Kneipe aus der Mitte der 1970er-Jahre, in der die Hamburger Szene zu Hause war.

Ottensen

Das elbnahe Viertel war einmal Industriestandort und ein Wohngebiet der ›kleinen Leute‹. Heute ist das Viertel sehr angesagt. Alte Gewerbebauten und Lagerhallen werden zweckentfremdet genutzt, zum Beispiel für Medienprojekte oder als Fotostudios. Die restaurierten **Zeise-Hallen** (C 6), eine ehemalige Schraubenfabrik, beherbergen Kino und Restaurants. Ottensen ist eine gelungene Mischung aus kreativ und ursprünglich, hier befinden sich Szenebar neben traditioneller Kneipe und Ökomärkte neben türkischen Gemüsehändlern.

St. Georg

Lebendiger Stadtteil und Mittelpunkt der Hamburger Schwulen- und Lesbenszene. Zentral gleich hinter dem Hauptbahnhof gelegen, ist St. Georg alles andere als gutbürgerlich, Höhepunkt ist die jährlich stattfindende Parade zum Christopher Street Day. Tolerantes und offenes Miteinander sind ein gutes Stück gelebte Realität in St. Georg. Entlang der **Langen Reihe** (J 6) und den Seitenstraßen ist das kulinarische Angebot an türkischen, italienischen und deutschen Spezialitäten groß. Im Etagenhaus Lange Reihe Nr. 71 befindet sich übrigens die Geburtsstätte von Hans Albers.

St. Pauli

Wohl kein anderer Stadtteil wird so sehr mit Hamburg in Verbindung gebracht wie St. Pauli (E 7). Man denkt sofort an die weltbekannte **Reeperbahn** oder an den gleichnamigen Fußballclub. Längst aber sind Sexclubs nicht mehr das einzig bestimmende Element auf dem Kiez. Die hanseatische Jugend hat schon länger die ›Szenequalitäten‹ des Viertels entdeckt: Dutzende von Kneipen, Tanzpalästen und Clubs und eine lebendige Kulturlandschaft mit Theatern, Museen und Galerien sind entstanden. Das Vergnügungsviertel zieht an Wochenenden manchmal Zehntausende Besucher an. Im Norden von St. Pauli liegen die beiden angesagten Szenebezirke **Schanzenviertel** (Sternschanze) sowie Karolinen- bzw. **Karoviertel** (🕮 E 5).

Univiertel

Zwischen Bahnhof Dammtor, Rothenbaumchaussee, Grindelhof und Grindelallee liegt das ehemalige jüdische Viertel (🕮 G 4/5). Zentrum sind die 1909–1911 erbaute **Universität** und der **Allendeplatz** im Grindelviertel. Mehr als 40 000 Studenten prägen über weite Teile die Gegend mit, in der Umgebung des Universitätsgeländes findet man das bekannte Programmkino Abaton, eine große Anzahl von günstigen Kneipen, Cafés und Restaurants sowie ein breites Angebot an Buchläden.

Winterhude

Ein äußerst vielseitiger Stadtteil (🕮 H–K 1/2): Der **Stadtpark** lädt zum Joggen ein, die Großraumbüros bezeugen den Fortschrittsglauben der 1970er-Jahre. Im Norden und Osten Mietskasernen und Fabriken aus der Zeit der Wende zum 20. Jh., im Süden gediegene und elegante Villen und viel Grün. Der Leinpfad ist eine der Topadressen der Stadt. Im Bereich Mühlenkamp und Gertigstraße konzentrieren sich Kneipen, Restaurants und interessante Geschäfte.

Blankenese

Das vornehme Blankenese liegt in Hamburgs Westen (🕮 Karte 3). Berühmt ist das **Treppenviertel** mit seinen alten Kapitänshäusern. Hier vermittelt das ehemalige Fischerdorf mit der malerischen Umgebung ein Bild, das eher an südliche Gefilde erinnert. Vom höchsten Punkt, dem **Süllberg** aus, bietet sich ein großzügiger Blick auf die Elbe. Blankenese ist der bevorzugte Wohnort von vielen Künstlern, Prominenten und anderen wohlhabenden Bevölkerungsgruppen.

Augenblicke

Chillen mit Hafenblick

Hamburger und ihre Elbe – das ist eine never-ending Lovestory. Es ist ja auch zu schön am Elbufer abzuhängen, zu entspannen und von fernen Ländern zu träumen. Bei sommerlichen Temperaturen bieten sich dazu idealerweise die Strandperle oder die vielen Beachclubs entlang des Flusses an. Bei herbstlichen Stürmen hingegen sorgt ein Spaziergang in wetterfester Kleidung für einen klaren Kopf – Wellness pur sozusagen. Immer dabei der imposante Blick auf den Hafen, Hamburgs Keimzelle und Garant für den wirtschaftlichen Wohlstand seiner Bewohner.

Hamburgs Wasserseiten

Rushhour auf dem Wasser. Wenig bekannt sind bei Besuchern die weit verzweigten Alsterkanäle in den nördlichen Stadtvierteln. Hier findet an Wochenenden maritimes Leben statt und der Stadtmensch mutiert bildlich gesprochen zur Wasserratte. Alsterdampfer, Kanus und Stand Up Paddler fordern freie Fahrt. Damit es nicht zum Verkehrschaos kommt, gibt es klare Bestimmungen für die Wasserwege. Regel 1: Es ist verboten, trotz guter Wasserqualität, in der Alster zu baden, außer Sie sind Triathlet, dann ist Schwimmen in der Binnenalster sogar 1x im Jahr gewünscht.

Schanzenviertel

Kaum zu glauben, aber an dieser Ecke war mal urbane Wüste. Bis Ende der 1980er-Jahre gab es in der Schanze jede Menge graue Fassaden und unbebaute Trümmergrundstücke. Von Szenestadtteil konnte man nicht reden, gastronomisch war hier ›tote Hose‹. Aber die Mieten waren billig, Hinterhöfe und leere Werkstätten lockten erste Kreative in die damals unwirtliche Gegend. Heute ist Hamburgs lebendigstes Viertel total angesagt. Umtriebiges Partyvolk, Hipster, »Alle die was mit Medien machen« und Auswärtige treffen sich hier auf eine Club-Mate oder auf einen Latte – mindestens.

Ihr Hamburg-Kompass

#2

Stilvoll shoppen – **Jungfernstieg und Passagen**

#3

Architektur zum Staunen – **Kontorhausviertel**

BACKSTEINEXPRESSIONISMUS

falls es doch mal regnet

(Muss nicht, kann :-)

#1

Klotzen statt kleckern – **das Hamburger Rathaus**

auf 4.000 Eichenpfählen gebaut !

WOMIT FANGE ICH AN?

#15

Schiffe gucken – **Övelgönne**

die Strand-perle

Entspann Dich!

#14

Leben und leben lassen – **Ottensen**

SO WAS VON JUGEND-STIL !

BUNTES LEBEN GLEICH HINTERM HAUPTBAHNHOF

#13

Alles ganz schön – **Eppendorf**

#12

Gay Pride – **St. Georg-Viertel**

#4
Kulturerbe neu genutzt – **die Speicherstadt**

#5
Everybody's Darling – **die Elbphilharmonie**

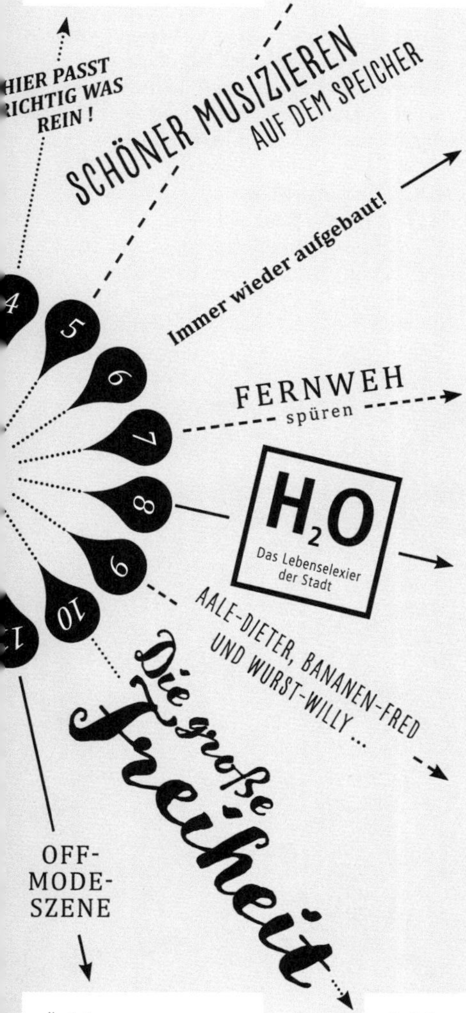

#6
Schöne Aussichten – **der Michel**

#7
Das Tor zur großen weiten Welt – **Landungsbrücken**

#8
Bitte einsteigen und zurücklehnen – **Hafenrundfahrt**

#9
Wer will noch mal, wer hat noch nicht ? – **Fischmarkt**

#11
Vintage und Design – **das Karoviertel**

#10
Strangers in the Night – **Reeperbahn**

#1

Klotzen statt kleckern – **das Hamburger Rathaus**

Im 1897 fertiggestellten Hamburger Rathaus befinden sich insgesamt 647 Räume. Der Sitz von Senat und Bürgerschaft ist der ganze Stolz der Hanseaten. Besonders sehenswert sind die repräsentativen Säle im ersten Obergeschoss.

Ein Gewölbe wie in einer Kirche: Und genauso heilig ist den Hamburgern der Sitz ihrer Bürgerschaft.

Der **Rathausmarkt** 1 hat als prominentes Vorbild den Markusplatz von Venedig. Mit ein wenig Fantasie kommt dem Besucher bei Sonnenschein durchaus die Verwandtschaft zur berühmten Lagunenstadt in den Sinn, die weißen Alsterarkaden und die Nähe zum Wasser tragen ein wenig dazu bei. 1982 wurde der Platz neu

gestaltet, der Dichter Heinrich Heine erhielt hier ein Denkmal nach einem Entwurf von Waldemar Otto. Der Platz dient auch saisonalen Veranstaltungen wie dem Stuttgarter Weinfest, dem Weihnachtsmarkt oder im Sommer einem Beach-Volleyball-Turnier. 1962 kamen über 100 000 Menschen an diesem zentralen Platz zusammen, um der Flutopfer zu gedenken, und 1983 protestierten hier über 400 000 gegen die Nachrüstung.

Imposanter Bau aus Sandstein und Granit

Nach einer Bauzeit von elf Jahren wurde das **Rathaus** 2 im Jahre 1897 fertiggestellt, seitdem ist es der Sitz von Senat und Bürgerschaft. Zum 100. Geburtstag wurde das Gebäude (das sechste der Stadtgeschichte) innen und außen gründlich renoviert.

Schwäne warten in der Kleinen Alster am Rathausmarkt auf die Fütterung.

INFOS/ÖFFNUNGSZEITEN

Eine **Rathausbesichtigung** 2 ist außerhalb der Senatssitzungen möglich. Rathausmarkt 1, www.hamburg.de/rathaus, Führungen finden jede halbe Stunde statt: Mo–Fr 11–16, Sa 10–17, So 10–16 Uhr. Etwas Besonderes sind die Rathausführungen auf Plattdeutsch (nur nach Anmeldung), Erw. 5 €, mit Hamburg CARD 4 €, Kinder bis 14 J. frei.
Bucerius Kunst Forum 3: Rathausmarkt 12, www.buceriuskunstforum.de, tgl. 11–19 Uhr, Erw. 9 €, Familien erm. Mo 6 €. Moderne Kunst in Wechselausstellungen, durchgeführt von der ZEIT-Stiftung

KULINARISCHES FÜR ZWISCHENDRIN

Direkt unter dem Rathaus befindet sich im Kellergewölbe das Restaurant **Parlament** 1. Rathausmarkt 1, www.parlament-hamburg.de, Di–Sa 17–22 Uhr, €€. Gutbürgerliche Küche, in den Sommermonaten ist die Terrasse im Innenhof des Rathauses geöffnet.

Cityplan: G 6/7 | **U-Bahn** U 3 Rathaus

Um den Baugrund für das Vorhaben nutzbar zu machen, wurden damals 4000 Eichenpfähle als Fundament in den sumpfigen Boden gesetzt. Der Entwurf stammt von einer Architektengemeinschaft unter der Leitung von Martin Haller. Herausgekommen ist dabei ein imposanter Sandstein- und Granitbau im Stil der deutschen und italienischen Renaissance, der auch während des Zweiten Weltkriegs im Großen und Ganzen verschont geblieben ist. Nur das Kupferdach des 112 Meter hohen Turms brannte bis auf die Eisenkonstruktion aus und musste rekonstruiert werden. Um das Innere des Rathauses näher kennenzulernen, bietet sich eine der fakten- und anekdotenreichen Führungen an.

Ü
ÜBRIGENS

Das Gute siegt über das Böse, nicht nur in Hollywood. Im Innenhof des Rathauses erinnert der **Hygieia-Brunnen** an die Cholera-Epidemie von 1892, die mehr als 8000 Menschenleben forderte. Die stilisierte Figur zeigt Hygieia, Tochter des Äskulap und Schutzpatronin der Apotheker, wie diese triumphierend auf dem Drachen steht, der die Cholera symbolisiert.

Im Innern

Der Besucher erhält einen guten Eindruck davon, wie wohlhabend die Stadt ist und war. Ganze 647 Räume befinden sich im Gebäude. Neben denen für den Senat und die Abgeordneten gibt es im Obergeschoss prächtig ausgestattete Räume sowie den großen Festsaal mit einem riesigen Wandgemälde zur Geschichte der Hansestadt.

Das Matthiae-Mahl

Unter dem Wandgemälde findet neben Bürgerempfängen und Feiern auch das alljährliche Matthiae-Mahl (am 24. Febr.) statt. Die Mahlzeit gibt es in Hamburg seit dem Jahr 1356 und ist damit das älteste, durchgehend begangene Festmahl der Welt. Der Matthias-Tag galt im Mittelalter als Frühlingsbeginn, an dem man den Bürgermeister wählte, Wetterprognosen aufstellte und Orakelhandlungen durchführte. Heute werden zu der Mahlzeit immer ein ausländischer und ein deutscher Ehrengast sowie rund 400 weitere Gäste eingeladen – mehr als eine Woche lang wird dafür das Senatssilber geputzt, rund 132 Meter lang sind die Festtafeln.

Ganzer Stolz der Hanseaten: Rathaus mit dem Rathausturm

UM DIE ECKE

Nur wenige Geh-Minuten vom Rathaus entfernt liegt Frankreich. Im **Café Paris** ❷ (Rathausstr. 4, www.cafeparis.net, Mo–Sa 9–24, So/Fei ab 9.30 Uhr, €€) erwartet den Besucher perfektes Pariser Gastro-Flair mit entsprechender Brasserieküche. Vive la France!

Stilvoll shoppen – **Jungfernstieg und Passagen**

2

Der Jungfernstieg ist eine der beliebtesten Promenaden der Hansestadt. Kein Wunder, auf der einen Seite finden sich prächtige Bauten der Gründerzeit und gegenüber bietet sich der fast grenzenlose Blick auf die Alster. Von hier aus erschließen sich auch die besten Einkaufsmöglichkeiten der City. Seit den 1980er-Jahren durchzieht die Hamburger Innenstadt ein Geflecht von überdachten Shoppingpassagen. Ideal nicht nur bei schlechtem Wetter.

Vorausgesetzt, man hat das nötige Kleingeld, lassen die Geschäfte in der Hamburger City mit ihren Angeboten keine Wünsche offen. Das Alsterhaus am Jungfernstieg ist ein Warenhaus auf Weltstadtniveau, und viele Einzelhandelsgeschäfte sind noch eigentümergeführt und bieten eine entsprechende Beratung. Zwar gibt es auch hier die Filialen der großen Handelskonzerne wie in

Wer in Hamburgs Einkaufsstraßen nichts findet, ist selber schuld!

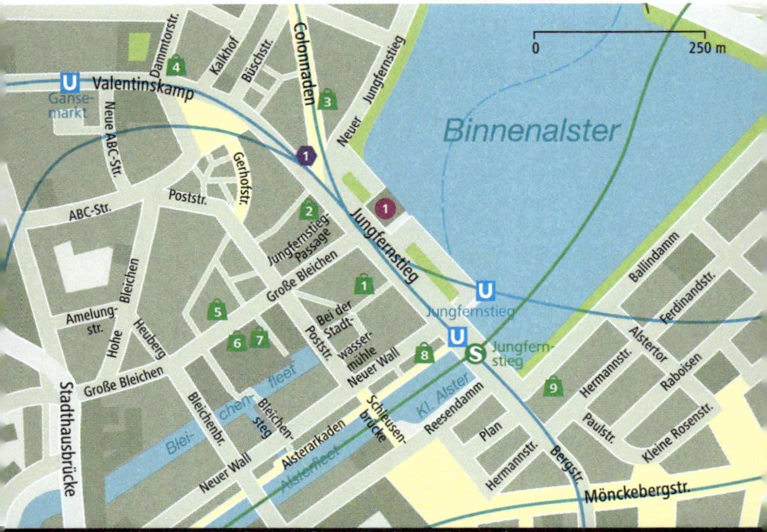

Cityplan: G 6 | **U/S-Bahn** Jungfernstieg, U 2 Gänsemarkt

KULINARISCHES FÜR ZWISCHENDRIN

Alex im Alsterpavillon 1: Jungfernstieg 54, T 040 350 18 70, www.dein-alex.de, Mo–Do 8–1, Fr, Sa 8–2, So 9–1 Uhr, €, Frühstücksbuffet. Über das Ambiente lässt sich streiten, aber der Alsterblick entschädigt und macht manches wieder wett.

jeder anderen Stadt, doch vielerorts ist das Einkaufen noch ein ganz besonderes Erlebnis.

Maßgeblich zum geschäftlichen Erfolg und zum Ambiente in der Hamburger Innenstadt haben die vielen Passagen beigetragen, die seit den frühen 1980er-Jahren entstanden sind. Die Idee der überdachten Galerien war den Hamburgern schon damals nicht fremd, in der Stadt wurde mit Sillem's Bazar 1843 die erste deutsche Einkaufspassage eröffnet. Sie befand sich etwa dort, wo heute der Hamburger Hof ist. Auch damals war den Flaneuren das Sehen und Gesehenwerden unter dem gläsernen Dach schon mindestens genauso wichtig wie das Einkaufengehen und Stöbern in den 30 Läden oder das Kaffeetrinken.

Jungfernstieg und Gänsemarkt

Der Jungfernstieg war 1838 Deutschlands erste asphaltierte Straße. Auf dem Boulevard an der Binnenalster führten früher Familien ihre unverheirateten Töchter (Jungfern) zwecks Eheanbahnung aus. Auf der Seite zum Wasser liegt der traditionsreiche **Alsterpavillon** (1), den es an dieser Stelle schon seit 1799 gibt. Das heutige Bauwerk entstand 1952/53 nach Entwürfen von Ferdinand Streb, äußerlich sind der architektonische Geist und die Aufbruchsstimmung der Fifties immer noch zu spüren. Innen ist Alex eingezogen, Systemgastronomie mit grandiosem Ausblick. Gegenüber auf der anderen Straßenseite lädt das **Alsterhaus** (1) zum Erlebniskauf ein. Das Warenhaus zählt neben dem KaDeWe in Berlin zu den Topadressen seiner Klasse in Deutschland. Wer im hauseigenen Restaurant einen Fensterplatz erwischt, hat allen Grund zur Freude, denn der Blick von oben auf die Binnenalster ist herrlich.

Auf der gleichen Seite ist der **Hamburger Hof** (2), eine durch mehrere Gebäude führende Passage. Im ersten Stock verführt die Hofparfümerie mit exklusiven Düften aus aller Welt.

Das **Nivea-Haus** (1) genau an der Ecke Jungfernstieg/Neuer Jungfernstieg lädt den Besucher ein, die ganze Welt der Kosmetikmarke zu entdecken. Auf drei Etagen sind Wellness, Regenerieren und Erholen das beherrschende Thema.

Weiter geht es in die Colonnaden. Die teilweise mit Arkadenfront verlaufende Straße verbindet die Alster mit dem Stephansplatz. Die Ladenzeile mit dem überdachten Gewölbe lässt eher an Bologna denken als an eine norddeutsche Großstadt. Ein Tipp für gediegene Herrenkonfektion ist **Cove & Co.** (3), traditionell englisches Schneider- und Schuhwerk (Colonnaden 16), nebenan bietet **Pfeifen Tesch** fachkundige Beratung und ein großes Sortiment rund ums Rauchen. Weiter geht es in Richtung Gustav-Mahler-Platz, wo wir links in die Große Theaterstraße einbiegen. Links in der Dammtorstraße ist das neue **Deutschlandhaus** (4) zu sehen, eine moderne und respektvolle Anlehnung an die Architekturikone, die hier seit 1928/29 stand: großes Gastro- und Shopping-Angebot, auch die Palmenhalle im Inneren beeindruckt. Geradeaus liegt der Verkehrsknotenpunkt Gänsemarkt mit dem Denkmal Lessings, der 1767–79 in der Stadt lebte. Bei der Neugestaltung des Platzes 1985 wurde das Standbild des Dichters von der Mitte aus nach links verrückt und blickt jetzt wieder von seinem alten Platz auf das geschäftige Treiben.

D
DAMPFER

Nach all dem Shoppen endlich mal Dampf ablassen! Wer müde Füße, aber immer noch nicht genug von Hamburg hat, der sollte sich eine **Dampferfahrt über die Alster** nicht entgehen lassen. Möglich ist das ab Anleger Jungfernstieg, stdl. zwischen 10.30 und 17.00 Uhr. In Ufernähe geht es dann für ca. 1 Stunde einmal rund um die Außenalster (Erw. 18 €, Kinder 9 €).

Ein Postkartenklassiker: Alsterschiff mit Alsterpavillon

Der Blick nach oben lohnt sich: die Mellin-Passage.

Hohe Bleichen und Neuer Wall

Weiter Richtung Hohe Bleichen: Dieser Abschnitt entwickelt sich mehr und mehr zu einem Quartier hochwertiger Mode: Labels wie Paul Smith und Stone Island (meine beiden Lieblingsmarken, ▸ S. 102) sind hier ebenso vertreten wie auch Ralph Lauren und Hackett. Auch für denjenigen, der zwischendurch Appetit bekommen hat, ist gesorgt. Vapiano und Edelcurry sind um die Ecke.

Links geht's über den Platz am Renaissance-Hotel vorbei und wieder links in die Großen Bleichen. Nach wenigen Metern erreichen wir den Eingang des **Hanse-Viertels** 5, die wohl bekannteste Passage in der Stadt. Über 60 Geschäfte beherbergt das Hanse-Viertel, in dessen Wegebelag Bronzeplatten eingelassen sind, die die Siegel der einstigen Hansestädte abbilden. Ein weiterer Ausgang zu den Großen Bleichen führt direkt über die Straße in die elegant gestaltete **Kaisergalerie** 6. An dieser Stelle befand sich über Jahrzehnte das Ohnsorg Theater, heute gibt es hier Luxusartikel zu kaufen.

Gleich nebenan geht es zur **Galleria** 7, die elegante mit schwarz-weißem Marmor gestaltete Passage wurde 1983 fertiggestellt. In die Umgebung passt auch gut der Laden von Otten von Emmerich, der sich auf den Ankauf und Verkauf von Luxuswaren konzentriert. Ob Uhren von Rolex, Tücher von Hermès oder Taschen von Louis Vuitton, *fashion victims* werden hier meist fündig.

Über den Steg am Bleichenfleet kommt man zur Poststraße, der wir rechts folgen, um dann links weiter in den Neuen Wall zu gehen. Flagship-Stores von Nobelmarken sind hier in direkter Nachbarschaft zu finden. Auf der rechten Seite sieht man die älteste noch vorhandene Galerie, die **Mellin-Passage** 8. Nach einem Brand wurde sie 1995 restauriert, schöne traditionelle Hamburger Läden haben dort ihre Geschäftsräume. Am anderen Ende geht es durch die Alsterarkaden zurück zum Jungfernstieg.

UM DIE ECKE

Am Ballindamm befindet sich die größte Shoppingmall der City: die **Europa-Passage** 9, ein Einkaufszentrum, in dem über 120 Geschäfte ihre Waren feilbieten.

Architektur zum Staunen – **Kontorhausviertel**

#3

Das Kontorhausviertel in der südlichen Altstadt entstand Ende des 19., Anfang des 20. Jh. Eine neue Bauweise ermöglichte sehr variable Raumzuschnitte, was von den Mietern sehr geschätzt wurde und zum Erfolg dieses Bautyps beigetragen hat. Die eindrucksvollsten Kontorhäuser sind rund um das Chilehaus zu finden.

Die Hamburger Kontorhäuser sind städtebaulicher und architektonischer Ausdruck von Kaufmannsgeist und hanseatischer Handelstradition. Die Blütezeit dieser Großbürohäuser setzte Ende des 19., Anfang des 20. Jh. ein und währte bis weit in die 1930er-Jahre. Voraussetzung für die Entstehung dieses Bautyps war die Einführung

Ein Schiff der Avantgarde oder doch eher ein ›Bügeleisen‹? Das Chilehaus

der Stahlskelettbauweise und die Inbetriebnahme von Fahrstuhl und Paternoster. Ohne diese technischen Neuerungen wären die großzügigen, frei einteilbaren Etagenflächen nicht denkbar und in den oberen Stockwerken natürlich nicht vermietbar gewesen. Hamburgs historisches Kontorhausviertel befindet sich im Süden der Altstadt zwischen Oberhafen und der Kaufhausmeile Mönckebergstraße.

Von der U-Bahn-Station Mönckebergstraße in Richtung Bahnhof kommend, sieht man am Ende der Straße das **Klöpperhaus** 1 (Mönckebergstr. 3), in dem heute der Kaufhof seinen Sitz hat. Fritz Höger entwarf den Bau für die Firma Klöpper AG, die u. a. Geschäfte im Wollhandel tätigte. Rechts an der Ecke Lange Mühren, wo heute das Saturn-Parkhaus steht, befand sich die erste Bade- und Waschanstalt Europas. In der **Steinstr. 10** 2 entstand zu Beginn der 1920er-Jahre ein Kontorhaus im neoklassizistischen Stil. Der Baustoff ist Sandstein – eher untypisch für die Hansestadt und teurer als Ziegel, aber auch repräsentativer. Heute beherbergt das Gebäude das Finanzamt der Innenstadt. In der Springeltwiete sieht man auf der rechten Seite den **Altstädter Hof** 3. Es ist der einzige Komplex in dieser Gegend, der ausschließlich zu Wohnzwecken errichtet wurde. Geradeaus führt der Weg zum **Sprinkenhof** 4, dem größten Kontorhaus der Stadt, 1927–1943 von Fritz Höger und den Gebrüdern Gerson erbaut. Den Mittelblock ziert ein Backsteinmuster, das die Horizontale betont. Im Innenhof beeindrucken die vergoldeten Steine und die Intarsien, die maritime Themen zeigen. Sehenswert ist auch das imposante Treppenhaus am Eingang Burchardstr. 8.

Neben den prächtigen Gebäudefassaden im Kontorhausviertel waren auch die Treppenhäuser stets Teil einer sorgfältigen Inszenierung der Kaufleute, die damit ihren Wohlstand und ihre Bedeutung unterstrichen.

▶ INFOS

Wer sich schon mal vorab über das **Chilehaus** informieren möchte, kann sich im Internet umsehen unter www.chilehaus.de. Hier lässt sich auch mittels einer Webcam die Gegend erkunden.

Rund um das Chilehaus

Gegenüber am Burchardplatz steht ein Wahrzeichen Hamburgs, das berühmte **Chilehaus** 5. Das Kontorhaus gilt als Hauptwerk des norddeutschen Expressionismus. Angesichts der für damalige Verhältnisse avantgardistischen Form tauften die Hamburger es schlicht »Bügeleisen«. Erbaut wurde das Chilehaus nach den Entwürfen von Fritz Höger von 1922 bis 1924 für den Unternehmer Sloman. Die Bugspitze, die dem Gebäude seinen unverwechselbaren Charakter gibt,

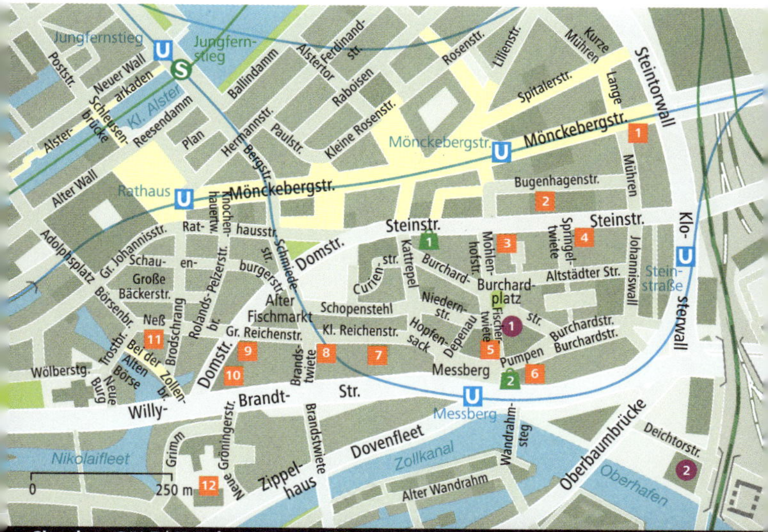

Cityplan: G/H 7 | **U-Bahn** U 3 Mönckebergstraße

KULINARISCHES FÜR ZWISCHENDRIN

Das **Sausalitos** 1 (Fischertwiete 2, www.sausalitos.de, tgl. 17–24 Uhr, €) bietet mexikanische Küche zu moderaten Preisen. Gern gegessen wird hier der knackige Caesar's Salad.

In den Deichtorhallen befindet sich der **Berliner Bahnhof** 2, eine Ganztagsbar, in der kleine Speisen, Weine und Cocktails kredenzt werden. Stylishes Ambiente und freundlicher Service (Deichtorstr. 2, www.berlinerbahnhof.com, Di–Sa 11–0.30, So 11–18 Uhr, €€).

KULTLÄDEN

Im **Manufactum Warenhaus** (Chilehaus 5, Eingang A, Fischertwiete 2, Mo–Sa 10–19 Uhr) kann man einen Großteil des Versandsortiments kaufen. **Kölln Haferland** 1 (Steinstr. 27, Mo–Fr 8–18.30, Sa 9.30–18.30 Uhr) ist eine Mischung aus Laden, Gastro und Manufaktur, alles auch zum Mitnehmen. Im **Hachez Chocoversum** 2 (Meßberg 1, www.chocoversum.de, tgl. 10–18 Uhr, Erw. 17 €, erm. 15 €) dreht sich alles um Schokolade: Geschichte, Verkostungen, Seminare.

war ursprünglich nicht geplant und entstand erst durch den Wunsch, das Grundstück optimal zu nutzen. Der südamerikanische Condor an der Bugspitze erweist seine Reverenz dem Bauherrn, der sein Geld in Chile gemacht hatte. Im Hof von Eingang A und B kann man sich davon überzeugen, dass der Architekt den Namen »Klinkersticker« zu Recht erwarb – die reichen, dekorativen Ziegelsteinverzierungen gelangen hier zu höchster Vollendung.

Ganz in der Nähe liegt der hochhausartige **Meßberghof** 6. Die expressionistischen Plastiken von Ludwig Kunstmann, die sich hier ursprünglich befanden, sind noch im Keller zu sehen. Heute ersetzen sie acht Skulpturen von Lothar Fischer, genannt »Enigma-Variationen«. Wieder zurück zum Chilehaus, das die Polizeiwache Klingberg 1 fest umklammert. Diese wurde 1906 erbaut, erinnert aber eher an Bürgerhäuser aus dem Barock.

Zeuge aus der Kolonialzeit: Portalelefant vor dem Afrikahaus

Alte und neue Generation

Neueren Datums ist das **Danske Hus** 7, entworfen von den Architekten Kleffel, Köhnholdt und Gundermann. Die Backsteine stammen aus derselben Brennerei wie die des Chilehauses, bewusst wurde vierte Wahl verwendet, da die Unregelmäßigkeiten dem Gebäude einen lebendigen Anstrich verleihen. Ein weiteres Beispiel für die Baukunst desselben Architekturbüros ist der **Neue Dovenhof** 8, Brandstwiete 1, außen in Backstein, innen in Beton gehalten. Der Innenhof lässt an den Film »Metropolis« denken.

In der Großen Reichenstr. 27 steht das **Afrikahaus** 9, das 1899 erbaut wurde. Ungewöhnlich ist die Fassade in den Flaggenfarben der einst hier ansässigen Reederei. Die Kriegerfigur und die beiden Elefanten verweisen eindeutig auf den schwarzen Kontinent. Das **Zürichhaus** 10, Domstr. 17, ist ein weiteres Kontorhaus der jüngeren Generation – entworfen von Gerkan, Marg und Partner –, das mit einer riesigen Glashalle beeindruckt.

Der **Laeiszhof** 11, Trostbrücke 1, entstand 1897/98 nach den Plänen von Bernhard Hanssen, Emil Meerwein und Martin Haller. Die Bauweise ist von der wilhelminischen Ära beeinflusst und nimmt Bezug auf die umliegenden Speicherhäuser. Auf einem Dachgiebel ist ein Pudel zu sehen, eine Anspielung auf den Kosenamen der Bauherrngattin. Der Paternoster im Innern funktioniert noch.

St. Katharinenkirche: Den Ausblick vom Turm muss man sich zu Fuß erarbeiten.

UM DIE ECKE

Einen Besuch wert ist die **St. Katharinenkirche** 12 (www.katharinen-hamburg.de), vom Turm aus hat man einen einmaligen Panoramablick auf Innenstadt und Hafen. Der Aufstieg (nur mit Begleitperson) kostet 3 €. Anmeldung im Gemeindebüro, T 040 30 37 47 30 und kontakt@katharinen-hamburg.de.

Kulturerbe neu genutzt – **die Speicherstadt**

#4

Beim Anblick der imposanten Klinkerbauten wundert es niemanden, dass die Speicherstadt, zusammen mit dem angrenzenden Kontorhausviertel, zum UNESCO-Welterbe erklärt wurde. Neben der traditionellen Nutzung als Lagerstätten für Waren unterschiedlicher Art beherbergen die Speicher auch Museen und das Miniatur Wunderland, die weltgrößte Modelleisenbahn-Anlage.

Es riecht aromatisch und im Wasser der Fleete spiegeln sich die Türme und Zinnen der historischen Speicherstadt. Sie wurde 1885–1910 auf der Kehrwiederinsel/Wandrahminsel in drei Abschnitten gebaut, durch Kriegszerstörungen und Abriss sind die heutigen Ausmaße deutlich geringer als zur Entstehungszeit. Etwa 400 000 m² Lager- und Kontorfläche stehen den Mietern zur

»Über sieben Brücken musst du gehen«: die Speicherstadt

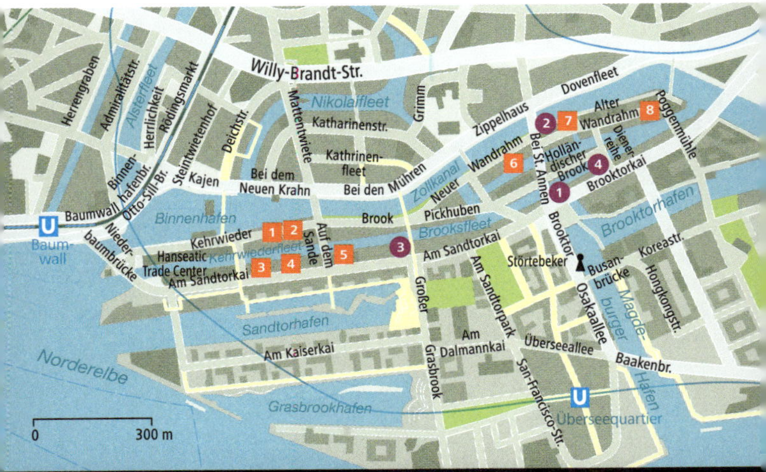

Cityplan: G/H 7 | **U-Bahn** U 3 Baumwall

INFOS/ÖFFNUNGSZEITEN

Miniatur Wunderland 1: Kehrwieder 2–4, Block D, www.miniatur-wunderland.de, tgl. mindestens 9.30–18 Uhr, Di, Fr–So und im Sommer deutlich länger geöffnet, Erw. 20 €, erm. 12,50 €. Weltgrößte Modelleisenbahn-Anlage

Hamburg Dungeon 2: Kehrwieder 2, Block D, www.the-dungeons.de, Di–So 12–17 Uhr, Erw. 25,50 €. Gruselshows für starke Nerven. Online gibt es die Tickets günstiger.

Speicherstadtmuseum 3: Am Sandtorkai 36, www.speicherstadtmuseum.de, März–Nov. Mo–Fr 10–17, Sa/So 10–18 Uhr, Dez.–Febr., Di–So 10–17 Uhr, Erw. 4,50 €, Kinder 3 €. Das Museum zeigt die Geschichte der Speicherstadt.

Spicy's Gewürzmuseum 4: Am Sandtorkai 32, www.spicys.de, tgl. 10–17 Uhr, Erw. 5 € inkl. Gewürzprobe, Kinder 4–14 J. 2 €

Kaffeemuseum Burg 6: St. Annenufer 2, www.kaffeemuseum-burg.de, Di–So 10–18 Uhr, Erw. 10 €, erm. 8 €. Alles zum Thema Kaffee, inkl. Museumsführung und Röstprobe

Deutsches Zollmuseum 7: Alter Wandrahm 16, www.zoll.de, Di–So 10–17 Uhr, Erw. 2 €, bis 17 Jahre frei. Die Geschichte des Zolls wird hier mit über 1000 Exponaten modern dargeboten.

KULINARISCHES FÜR ZWISCHENDRIN

Im **Fleetschlösschen** 1 (Brooktorkai 17, www.fleetschloesschen.de, tgl. 11–21.30, €) gibt es hauptsächlich Fischgerichte. Wechselnder Mittagstisch. Auch ein guter Tipp für die Stärkung zwischendurch oder nach dem Rundgang ist **Schönes Leben** 2 (Alter Wandrahm 15, www.speicherstadt.schoenes-leben.com, Mi–So 12–23 Uhr, Frühstück Sa/So 10–12 Uhr, €€). Stilvoll geht es im **Vlet** 3 zu, das in einem restaurierten Speichergebäude liegt und die norddeutsche Küche pflegt (Am Sandtorkai 23/24, www.vlet.de, Di–So 11–24 Uhr, €€€). Das **Wasserschloss** 4 (Dienerreihe 4, www.wasserschloss.de, Di–Fr 12–20, Sa/So 10–20 Uhr, €–€€) auf der Halbinsel zwischen zwei Fleeten gehört zu den meistfotografierten Gebäuden in der Speicherstadt. Hinter den hölzernen Flügeltüren erwarten den Besucher gastronomische Köstlichkeiten und ein Teekontor mit 250 Sorten.

Verfügung. Hinter den mehr als 100 Jahre alten Mauern lagern wertvolle Güter wie Kaffee, Gewürze und Teppiche. Hamburg ist weltweit der größte Umschlagplatz für Orientteppiche, über die Hälfte der Lagerfläche in der Speicherstadt wird vom Teppichhandel belegt. Die klimatischen Bedingungen für die Einlagerung von Waren jeglicher Art sind günstig: Bei max. 70 % Luftfeuchtigkeit wird es im Winter nicht kälter als 5 °C und im Sommer nicht wärmer als 20 °C.

Auch die günstigen Mieten von teilweise nur 3 € pro Quadratmeter tragen zur Standortattraktivität erheblich bei. Bis vor wenigen Jahren war es nur möglich, Mietverträge für gewerbliche Zwecke mit der Besitzerin, der Hamburger Hafen- und Lagerhaus AG, zu schließen. Doch das hat sich mit dem Projekt HafenCity geändert. Die Speicherstadt als Keimzelle des Hamburger Freihafens wurde im Jahr 2003 aus der Freizone ausgegliedert. Jetzt entstehen in dem jüngsten Teil der Speicherstadt, in dem Gebiet zwischen Altem und Neuem Wandrahm, zunehmend auch gemischt genutzte Flächen. Das gesamte Gebiet ist im Umbruch begriffen, in einer Zeitspanne von etwa 25 Jahren wird Hamburg südlich der historischen Speichergebäude ein vollkommen neues Stadtviertel mit modern-schickem Ambiente schaffen, das Wohnen, Freizeit, Tourismus und Arbeit verbindet (► S. 36).

Fofftein kann schon mal länger als 15 Minuten dauern. Chillout in der Speicherstadt.

Fleete und Wunderland

Der Rundgang beginnt bei der U-Bahn-Station Baumwall. Über die Niederbaumbrücke gelangt man links am Gebäude der Hafenpolizei vorbei in den vom Freihafen ausgegliederten Westteil der Speicherstadt, dem Kehrwiederfleet. Zu sehen ist neben dem aus neuen Kontorhäusern bestehenden Hanseatic Trade Center auch Hamburgs neues Wahrzeichen, die **Elbphilharmonie** (► S. 40). Hier stand früher der Kaiserspeicher, der zusammen mit dem Sandtorkai als vorbildliche Hafenanlage galt. Weiter über den Kehrwiedersteig hinweg hat man von der Brücke aus und zwischen den Blöcken D und L hindurch einen eindrucksvollen Blick auf den ältesten Teil der Speicherstadt, der in nur drei Jahren Bauzeit fertiggestellt wurde. Möglich war dies nur dank der fortschrittlichen Eisenskelettbauweise.

Moderne Kunst findet man überall: Häuserspiegelung im Wasser.

Detail im Miniatur Wunderland: ein Liebespaar im Sonnenblumenfeld

Gegenüber von Block D liegt das Nikolaifleet am Kehrwiederbrook mit der rückwärtigen Häuseransicht der Deichstraße. Goldfarbene Firmenlettern zieren die Gebäude, sie weisen auf typische Quartiersfirmen und auf zwei Attraktionen hin, die hier in unmittelbarer Nachbarschaft entstanden sind. Das **Miniatur Wunderland** 1 ist Hamburgs Touristenattraktion für die ganze Familie und die meistbesuchte Dauerausstellung Norddeutschlands. Weit über 12 Mio. Besucher begrüßte das Wunderland seit seiner Eröffnung. Große und kleine Eisenbahnfans kommen hier auf ihre Kosten. Die weltgrößte Modelleisenbahn wird ständig erweitert, ganz neu: Rio de Janeiro bildet den Auftakt für weitere Stationen in Südamerika. Um Wartezeiten zu umgehen, empfiehlt es sich, im Voraus ein Ticket zu reservieren oder Stoßzeiten zu vermeiden (an Wochenenden und an Feiertagen).

Im **Hamburg Dungeon** 2 gleich nebenan kann man 500 Jahre dunkle Geschichte Hamburgs erleben. Die gruselige Vergangenheit wird mit 14 Liveshows, mit Spezialeffekten und furchterregenden Fahrten inszeniert. Der große Brand von Hamburg, Störtebekers Hinrichtung, die Flut von 1717 oder die Pest: An schreckensreichen Themen mangelt es hier nicht. Wer starke Nerven hat, sollte sich die Veranstaltung nicht entgehen lassen.

Ü
ÜBRIGENS

Die **Speicherstadt** ist der größte auf Eichenpfählen gegründete Lagerhauskomplex der Welt und wurde Ende des 19. Jh. in mehreren Abschnitten gebaut. Weniger begeistert von dem ehrgeizigen Bauprojekt waren die Arbeiter und Handwerker, die hier wohnten. Rund 20 000 Menschen wurden zwangsumgesiedelt, um Platz zu schaffen für die neuen Backsteinbauten.

Speicher und Museen

In neue Räumlichkeiten Am Sandtorkai 36 gezogen ist das **Speicherstadtmuseum** 3. Das Museum vermittelt einen guten historischen Überblick über diesen Teil Hamburgs. Zu sehen gibt es Warenproben, Kautschukballen, Kaffeesäcke, alte Pläne und Fotos sowie Arbeitsgeräte.

Im **Spicy's Gewürzmuseum** 4 in Nr. 32 werden über 900 Exponate aus fünf Jahrhunderten gezeigt. Etwa 50 Gewürze, teils in der Form, wie sie aus den Erzeugerländern kommen, können angefasst, erschnuppert und probiert werden.

Am Sandtorkai 30 stand einst das Elektrizitätswerk der Speicherstadt, das eine von Hamburg unabhängige Stromversorgung ermöglichte, heute befindet sich hier das **Kesselhaus** 5 mit dem HafenCity Infocenter. Anhand eines großen Modells sieht man hier eindrucksvoll, wie sich das gesamte Gebiet um die Speicherstadt herum in den nächsten 20 Jahren entwickeln soll. Auch das angegliederte Café ist einen Besuch wert (Di–So 10–18 Uhr, Eintritt frei).

Weiter dem Sandtorkai folgend, im oberen Bereich von Block M, ist deutlich zu sehen, wie beim Wiederaufbau versucht wurde, sich der Optik der alten Speicher zu nähern. Dem Architekten Kallmorgen ist es zu verdanken, dass viele der kriegszerstörten Ruinen nicht einfach abgerissen, sondern rekonstruiert wurden. Am Brooktor steht etwas versteckt ein **Denkmal für den Seeräuber Klaus Störtebeker**, der 1401 in Hamburg hingerichtet wurde. Zurück geht es über die St. Annenbrücke. An der Ecke Holländischer Brook/Bei St. Annen 1 steht das Rathaus der Speicherstadt, heute befindet sich hier der Sitz der Hamburger Hafen- und Lagerhaus AG. Gegenüber lohnt ein Besuch im **Kaffeemuseum Burg** 6 am St. Annenufer.

Schöner Ausblick

Vor der Wandrahmsfleetbrücke liegt auf der rechten Seite das Wohnhaus, das einst den Handwerkern der Speicherstadt vorbehalten war. Der Blick von der Brücke nach links in den Wandrahmsfleet zeigt die Speicherstadt von ihrer schönsten Seite. Links geht es über den Alten Wandrahm aus der Speicherstadt hinaus, will man nicht noch einen Stopp im **Deutschen Zollmuseum** 7 einlegen. Pickelhauben, Zollschilder und alte Dokumente warten auf den Besucher. Oder man schließt einen Besuch der angrenzenden HafenCity an (► S. 36).

UM DIE ECKE

In Begleitung eines blinden Mitarbeiters werden kleine Gruppen durch die Ausstellung **»Dialog im Dunkeln«** 8 geführt, die Besucher treten ein in eine Welt völliger Dunkelheit. Am Wochenende gibt es auch ein »Dinner in the Dark«, ein Vier-Gänge-Überraschungsmenü serviert von blinden und sehbehinderten Servicekräften (Fr/Sa 19 Uhr, ab 69 €/Pers.). Außerdem wird mit »Dialog mit der Zeit« eine Erlebnisausstellung zum Thema Älterwerden gezeigt (Alter Wandrahm 4, www.dialog-in-hamburg.de, Mo–Fr 10–16, Sa 10–19 Uhr, nur n. V., Tickets ab 13,50 €, Dinner in the Dark Fr/Sa 19 Uhr).

► INFOS

Leckermäuler aufgepasst! Es gibt einen **Schokoladen-Rundgang** durch die Speicherstadt und das Kontorhausviertel. Infos unter http://rosinenfischer.de/kakao-kontore-kaufleute.

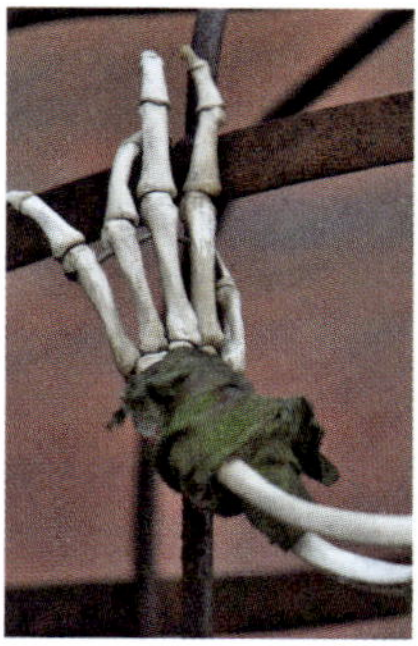

Gruseliges Detail aus dem Käfig vor dem Hamburg Dungeon

5

Everybody's Darling – die Elbphilharmonie

Der Hamburg-Tourismus boomt, und das hat die Stadt auch der Elbphilharmonie zu verdanken. Architekturbegeisterte kommen voll auf ihre Kosten, denn der Gegensatz von modernen Gebäuden zu der historischen Speicherstadt ist schon beeindruckend. Vom ViewPoint HafenCity aus kann man sich einen guten Überblick über den Stand der Dinge verschaffen.

Das Projekt HafenCity wurde in den 1990er-Jahren als eine Art Geheimplan von Exbürgermeister Henning Voscherau vorangetrieben, um Spekulationen mit Grundstücken und Unwägbarkeiten in der Politik zu verhindern. Nur wenige waren bis dahin in das Thema eingeweiht.

Erst 1997 wurde der Plan von einem vollkommen neuen Stadtteil, der die Innenstadt bis 2020

Eine völlig neue Sichtweise auf die Stadt: Blick durch die Fenster der Elbphilharmonie auf Hamburg.

fast um die Hälfte erweitern sollte, der Öffentlichkeit vorgestellt. Im Frühjahr 2000 verabschiedete der Senat das Projekt. Die HafenCity entwickelt sich von Westen, wo die Elbphilharmonie entsteht, nach Osten und von Norden nach Süden. Heute leben schon ungefähr 2000 Menschen in dem neuen Stadtteil, etwa 9000 Menschen arbeiten bereits hier. Auch eine Schule gibt es schon, die HafenCity beginnt zu leben.

Maritimes im ältesten Speicher

Der Rundgang führt durch einen Teil des Quartiers, der noch im Bau ist und endet in dem bereits fertiggestellten Areal. Start der Tour ist die U-Bahn-Station Meßberg, Ausgang Richtung Speicherstadt. Links geht es bei St. Annen über die Brücken in die Speicherstadt. Der Sandtorkai ist die städtebauliche Grenze zwischen dem historischen Teil und der neuen HafenCity. Vom Brooktorkai geht es nach links in Richtung **Internationales Maritimes Museum** 1 im Kaispeicher B, welches man über die geschwungene Fußgängerbrücke erreicht. Das zehnstöckige Backsteingebäude wurde 1878/79 gebaut und ist damit etwa zehn Jahre älter als die Häuser der Speicherstadt, es ist heute der älteste Speicher der Stadt. Das Museum lädt zu einer Zeitreise in 3000 Jahre Schifffahrtsgeschichte ein. Rund 36000 Schiffsmodelle, darunter ein Passagierschiff aus 780000 Legosteinen und das weltweit einzige Modell aus purem Gold, sind hier zu bestaunen. Etwa 5000 Gemälde, Grafiken, Aquarelle sowie viele weitere Exponate werden in dem denkmalgeschützten Gebäude gezeigt. **Café und Restaurant** laden zur wohlverdienten Pause, im Shop kann man maritime Erinnerungsstücke kaufen.

Das Herz der HafenCity

Zurück am Brooktorkai geht es links in die Osakaallee, hier wird einmal entlang des Magdeburger Hafens eine Promenade entstehen, an deren Ende das Science Center an der Elbe geplant ist. In Richtung City kann man dann über die Kornhausbrücke und die St.-Annen-Brücke das Rathaus in weniger als 15 Minuten erreichen, die City würde dann tatsächlich ans Wasser zurückkehren. Rechts der Osakaallee ist das Überseequartier, welches größtenteils schon fertiggestellt ist. Der **Übersee-**

Elbphilharmonie

K
KOSTEN

Ursprünglich sollten die **Baukosten für die Elbphilharmonie** 77 Mio. € betragen. Bei Baubeginn im Jahr 2007 waren es 114 Mio. €, 2012 satte 575 Mio €. Ein Jahr später musste Ex-Bürgermeister Olaf Scholz schließlich verkünden, dass der Bau den Steuerzahler 789 Mio. € kosten werde. Aber der Imagegewinn für die Stadt ist dank des Konzerthauses mittlerweile gewaltig. Lonely Planets Platz 4 für weltweit »Best in Travel 2018« belegt Hamburg.

Ein einzigartiges Licht- und Klangerlebnis zu jeder vollen Stunde macht am Wochenende das Warten auf die nächste Bahn zum Vergnügen: Die Illumination in der U-Bahn-Station HafenCity Universität wird untermalt mit klassischer Musik.

boulevard bildet hier den Mittelpunkt. Er soll einmal durch das Quartier bis an die Elbe verlaufen. Cafés und bunt gemischte Geschäfte im nördlichen Gebiet lassen schon mal eine zukünftige Urbanität erahnen. Der **Cinnamon Tower** 2 überragt mit seinen 57 Metern das Überseequartier. Dieses etwa acht Hektar große Areal gilt als das Herz der HafenCity.

Direkt neben dem Tower steht das einzige historische Bauwerk des gesamten Gebiets, das denkmalgeschützte ehemalige Haus des Amts für Strom und Hafenbau. In Zukunft soll hier mediterranes Flair herrschen, geplant ist die Umwandlung des Gebäudes in eine Markthalle. Der Anfang ist schon mal gemacht, jeden Mittwoch findet auf dem Platz davor der Bio-Wochenmarkt statt. Im Sommer lockt einmal im Monat der Langschläferflohmarkt Besucher auf den Boulevard.

Weiter geht es auf der Osakaallee rechts in die Überseeallee, an deren Ende das **Heizwerk** 3 zu sehen ist. Links geht es in die San-Francisco-Straße, sehenswert ist dort links die futuristisch gestaltete Station Überseequartier der U-Bahn-Linie 4, die die HafenCity mit dem Jungfernstieg verbindet. Rechts geht es am kleinen Grasbrookpark entlang und über den Großen Grasbrook zu den Marco-Polo-Terrassen.

Die Stadt strebt zur Elbe

Die **Marco-Polo-Terrassen** laden mit Grünflächen und Holzdecks zum Verweilen ein. Von hier hat man einen guten Blick auf die Elbe und den Grasbrookhafen, wo eine moderne Sportbootmarina gebaut werden soll. Vorbild für die Leuchten waren übrigens Hafenkräne, auch die Mosaiken und Piktogramme der Warftwände zitieren alte Ornamente der Speicherstadt.

Direkt neben den Terrassen befindet sich der 55 Meter hohe **Marco-Polo-Tower** 4 mit den teuersten Wohnungen der Stadt. Die Hamburger nennen den Wohnkomplex aufgrund seiner Form schlicht und einfach ›Döner‹.

Als Fortsetzung der Marco-Polo-Terrassen kann man das ehemalige **Unilever-Gebäude** 5 sehen, denn das Erdgeschoss ist frei zugänglich und führt den Besucher bis an die Kaimauer der Elbe. Das Haus wurde 2009 als weltmodernstes

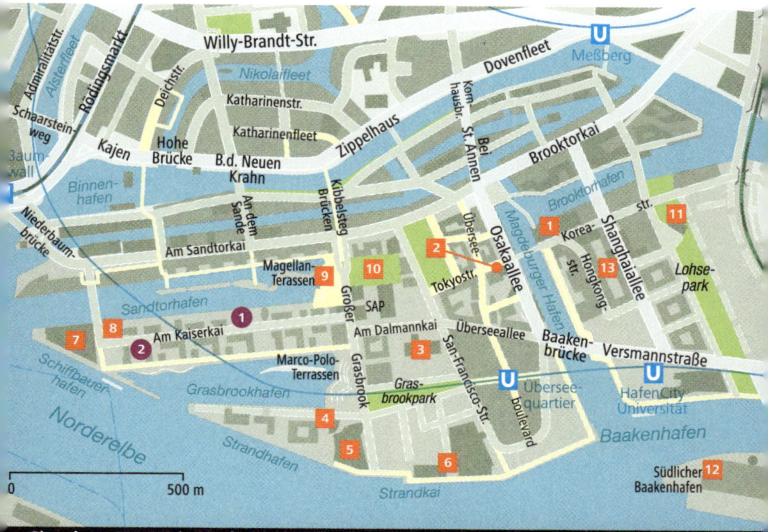

Cityplan: G/H 7/8 | **U-Bahn** U 2 Meßberg, U 3 Baumwall

INFOS/ÖFFNUNGSZEITEN

Internationales Maritimes Museum 1, Kaispeicher B, Koreastr. 1, www.imm-hamburg.de, tgl. 10–18 Uhr, Erw. 15 €, erm. 11 €. Erlebnis Seefahrt auf neun Etagen.
Alle christlichen Kirchen der HafenCity haben sich zum **Ökumenischen Forum** 13 zusammengeschlossen und residieren nun in der Shanghaiallee 12–14 in einem Backstein-Neubau mit interessant geschwungener Fassade, www.oekumenisches-forum-hafencity.de, Kapelle ganztags geöffnet.

KULINARISCHES FÜR ZWISCHENDRIN

Bei **Klein und Kaiserlich** 1 (Am Kaiserkai 26, www.k-u-k-kaffeehaus.de, Mi–So 10–18 Uhr, €) gibt es Schmackhaftes aus Österreich. Der Kaiserschmarrn und der Apfelstrudel mit Vanillesauce sind ein Gedicht.
Neben einigen Bäckereicafés rund um die Magellan-Terrassen herum bietet direkt neben der Elbphilharmonie das **Carls** 2 (Am Kaiserkai 69, www.carls-brasserie.de, tgl. 12–23 Uhr, €€–€€€) einen traumhaften Ausblick und eine gehobene Küche.

Bürogebäude ausgezeichnet. Die Membran um das Haus herum schützt vor Wind und Sonne. Neben den Büros gibt es im weitläufigen, lichtdurchfluteten Atrium auch öffentliche Flächen wie die Elbterrassen, Geschäfte und ein Café. Der Entwurf stammt von Behnisch Architekten, Stuttgart.

An der Kaimauer haben Sie einen grandiosen Blick auf das Areal, linker Hand legen am **Hamburg Cruise Center** 6 die großen Kreuzfahrtschiffe an. Der Bau ist allerdings nur provisorisch, geplant ist ein Kreuzfahrtterminal mit Hotel.

Was lange währt … die Elbphilharmonie auf dem ehemaligen Kaispeicher A.

Rechts sieht man an der Spitze Kaiserhöft neue Wahrzeichen der Stadt. Die **Elbphilharmonie** 7 wurde 2017 nach fast 10-jähriger Bauzeit fertiggestellt. Neben dem Konzertsaal beherbergt das Gebäude auch Eigentumswohnungen, ein Hotel und Parkplätze. Täglich besuchen bis zu 16 000 Menschen die Plaza des Gebäudes. Die Aussichtsplattform um die Elphi herum ist in der Regel von 9 bis 24 Uhr geöffnet, der Eintritt kostenfrei. Von hier oben haben Sie, gutes Wetter vorausgesetzt, einen grandiosen Blick auf den Hafen und die Speicherstadt. Auf der anderen Seite der Elbe befindet sich das Theater im Hafen, wo jeden Abend der Löwe brüllt.

Zurück am Großen Grasbrook und vorbei am KMU-Gebäude (früher SAP), dem ersten Gewerbebau in der HafenCity, geht es nach links in die Straße Am Kaiserkai. In der Nr. 62 befindet sich das **Elbphilharmonie Besucherzentrum** 8 (tgl. 10–19 Uhr). Hier gibt es neben den kostenlosen Tickets für die Plaza auch Konzertkarten.

Von der Terrasse aus sehen Sie auf die **Magellan-Terrassen** 9, die wie ein Amphitheater wirken und für größere Veranstaltungen genutzt werden. Hier, im ältesten Hafenbecken der Stadt (von 1866), wird auch ein Traditionsschiffhafen entstehen. Dieser Teil ist das erste komplett fertiggestellte Quartier der HafenCity, die acht Gebäude gegenüber wurden als Erstes bezogen. Dabei können sich die technischen Leistungen sehen lassen, sämtliche Bauten und Straßen sind auf künstlich erhöhten und hochwassersicheren Sockeln entstanden, ca. 8 Meter über Normalnull. Auf eine Eindeichung des neuen Stadtteils konnte somit verzichtet werden.

Wir verlassen den Kaiserkai Richtung Magellan-Terrassen. Gegenüber schauen Sie direkt auf den **Sandtorpark** 10. Dort entsteht eine weitere Grünfläche im Quartier. Die fünf Meter hohe Bohnenskulptur aus Bronze ist ein gelungener Verweis auf historische Spuren in dieser Gegend, denn hier war bereits vor 100 Jahren das Zentrum der europäischen Kaffeewirtschaft. Nach wie vor residieren um den Platz herum Unternehmen, die einen Bezug zum Kaffee haben. Das runde Gebäude am Platz, die Coffee Plaza, wurde von dem Architekten Richard Meier entworfen, dessen Markenzeichen eigentlich rechte Winkel sind.

T
TICKETS

Endlich fertig, ist der Ansturm auf die **Elbphilharmonie** riesengroß. Wer die begehrten Tickets ergattern will, sollte sich frühzeitig online informieren unter www.elbphilharmonie.de.

Die größte Grünanlage in der HafenCity ist der 2016 eröffnete Lohsepark.

Rechts neben dem Tower sieht man die Katharinenschule mit ihren roten Streben auf dem Dach. Sie dienen zur Sicherung des Pausenhofs dort oben in luftiger Höhe. Hier endet der Rundgang. Zu Fuß oder auch mit Bus und U-Bahn (Station Überseequartier) erreicht man in wenigen Minuten den Rathausmarkt.

UM DIE ECKE

Wer Lust hat, macht nun noch einen kleinen Abstecher zum **PROTOTYP-Automuseum** 11. Es zeigt seltene Renn- und Sportwagen und den einzig erhaltenen VW Käfer von 1939. Im Museumsshop werden Bücher, DVDs, Modelle und vieles mehr zum Thema Automobil in großer Auswahl angeboten (Shanghaiallee 7, www.prototyp-hamburg.de, Di–So 10–18 Uhr, Erw. 10 €, Kinder 4,50 €).
Über die Baakenhafenbrücke gelangt man zum **ViewPoint HafenCity** 12, Grandeswerderstraße, rund um die Uhr. Von der 13 Meter hohen orangefarbenen Aussichtsplattform lassen sich die Ozeanriesen und aktuellen Veränderungen der HafenCity schön bestaunen, eine Schautafel erleichtert dabei die Orientierung im Gebiet.

\# 6

Schöne Aussichten – **der Michel**

St. Michaelis, von allen in Hamburg nur Michel genannt, ist das Wahrzeichen der Stadt. Der größte sakrale Barockbau Norddeutschlands bietet vom Turm aus einen grandiosen Blick auf die Stadt. Vorbei an Gruner + Jahr geht es dann ins Portugiesenviertel.

Die berühmteste und größte Kirche der Hansestadt ist **St. Michaelis** 1, kurz Michel genannt. Das bekannte und für Seeleute weithin sichtbare Wahrzeichen Hamburgs ist auf vielen Ansichtskarten präsent, kein Wunder also, dass die Kirche jährlich über 1 Mio. Besucher zählt. Sie ist für viele auch die schönste Barockkirche Norddeutschlands. Der sakrale Bau stammt allerdings gar nicht mehr aus der Barockzeit, sondern wurde um die vorletzte Jahrhundertwende rekon-

Wow, was für eine Aussicht! Atemberaubender Blick vom Michel auf Hamburg.

struiert. Man sieht den inzwischen dritten Kirchenbau, der 2012 seinen 100. Geburtstag feierte. Ursprünglich wurde Hamburgs fünfte Hauptkirche 1661 geweiht, nach 90 Jahren aber von einem Blitz getroffen und durch Feuer vernichtet. Der zweite Bau wurde 1762 fertiggestellt, doch 1906 brannte die Kirche wiederum bis auf die Grundmauern nieder, als ein Feuer bei den Reparaturarbeiten am Dachstuhl ausbrach. Noch im gleichen Jahr begann der Wiederaufbau des Michels und man rekonstruierte die historische Barockarchitektur und Formensprache nach den alten Plänen. Auch heute gibt es an dem Gebäude immer was zu tun, permanent stehen Renovierungsarbeiten oder Reparaturen an, als letztes wurde das Kirchenschiff saniert.

St. Michaelis, der Michel

Das weiß-goldene Innere der evangelischen Kirche gleicht eher einem Theater oder einem Konzertsaal. Hier findet jeden Tag um 12 Uhr eine kurze Orgelandacht statt, täglich bläst der Michel-Türmer auf dem Turm fünf Minuten lang Choräle. Diese Tradition besteht schon seit über 200 Jahren, ein Erlebnis, das man sich nicht entgehen lassen sollte.

Gut besucht ist auch die 82 Meter hohe Aussichtsplattform auf dem Turm, die über Treppen oder bequem über einen Aufzug erreicht werden kann. Der Blick von hier oben entschädigt für den Aufstieg vollends. Bei schönem Wetter hat man eine wahrhaft grandiose Aussicht auf die Dächer der Stadt.

M MODERN TICK

Die **Turmuhr** tickt ganz im Takt der Moderne: 1911 eingebaut, wird sie seit 1964 elektrisch angetrieben und seit 1994 gibt ein amtliches Zeitzeichen den Takt vor. Und wie es sich für einen derartigen Repräsentationsbau gehört, wurde auch beim Material geklotzt: Der Stundenzeiger bringt es auf respektable 3,60, der Minutenzeiger gar auf beeindruckende 4,91 m.

Portugal in Hamburg

Wir lassen St. Michaelis hinter uns und gehen Richtung Hafen am Schaarmarkt vorbei. Links sieht man das moderne Verlagsgebäude von Gruner + Jahr. Hier werden bekannte Publikationen wie der Stern und die Zeitschriften aus der Geo-Familie produziert. Wir biegen aber rechts in die **Ditmar-Koel-Straße** 2 ein, die Hauptstraße des sogenannten Portugiesenviertels, das sich zwischen Michel und den Landungsbrücken in den letzten 25 Jahren etabliert hat.

Die Gegend um die Rambach- und Reimarusstraße lebt von den vielen kleinen Läden, Bistros, Straßencafés und Tascas mit ihrer südländischen Atmosphäre. Stadtbekannt für seine maritimen und regionalen portugiesischen Spezialitäten ist

Iberisches Flair im Portugiesenviertel

das immer gut besuchte Restaurante **Porto** ❶, das es seit 1984 gibt. Sein Erfolg hat eine ganze Reihe weiterer gastronomischer Betriebe in direkter Nachbarschaft entstehen lassen, deren Besitzer fast alle von der iberischen Halbinsel stammen. Bei den Landungsbrücken angekommen, kann es eigentlich schon gleich mit der nächsten Tour weitergehen.

UM DIE ECKE

Beengtes Wohnen vor über 150 Jahren: Eine **Krameramtswohnung** 3 ist museal eingerichtet und vermittelt einen guten Eindruck davon, wie die Menschen im 17. Jh. in diesen Fachwerkhäusern wohnten (Außenstelle des Museums für Hamburgische Geschichte: Krayenkamp 10, www.kramerwitwenwohnung.de, April–Nov. Di–So 10–17 Uhr, im Winter geschl., Erw. 2,50 €, Kinder frei).

INFOS/ÖFFNUNGSZEITEN

St. Michaelis (Michel) 1: www.st-michaelis.de, Nov.–April tgl. 10–17.30, Mai–Okt. 9–19.30 Uhr, 5 €, erm. 4 €. Türmerkonzert Mo–Sa 10 und 21, So 12 Uhr; Orgelandacht tgl. 12 Uhr

KULINARISCHES FÜR ZWISCHENDRIN

Der Klassiker im Portugiesenviertel ist das **Porto** ❶ (Ditmar-Koel-Str. 15, www.restaurante-porto.de, tgl. 11.30–24 Uhr, €–€€). Über 60 regionale Gerichte hält die Speisekarte bereit. In historischer Umgebung speisen kann man in den **Krameramtsstuben** ❷. Hier kommt original norddeutsche Küche frisch auf den Tisch (Krayenkamp 10, www.krameramtsstuben.de, tgl. 12–24 Uhr, €€). Im **Old Commercial Room** ❸ (Englische Planke 10, www.oldcommercialroom.de, Mo–Sa 16–23 Uhr, €€) kommen Fischliebhaber auf ihre Kosten, auch immer gut ist das Labskaus.

Cityplan: F 7 | **S-Bahn** S 1, S 3 Stadthausbrücke

Das Tor zur großen weiten Welt – **Landungsbrücken**

7

Einst hatten die bekannten Übersee-Schifffahrtslinien hier ihre Abfertigungsstellen. Das große Gebäude wurde Mitte der 1950er-Jahre neu gebaut, denn die weitläufige Anlage war im Krieg fast vollständig zerstört worden. Heute dienen die Landungsbrücken als Anlegestellen für die Hafenfähren und HADAG-Schiffe. Zum Hafengeburtstag ist hier aber immer noch die große weite Welt zu spüren.

Bereits von den U- und S-Bahn-Stationen Landungsbrücken hat man Hamburgs ehemaliges Tor zur Welt direkt vor Augen. Der Anblick der **Landungsbrücken** 1 mit dem Alten Elbtunnel

Da kommt Fernweh auf: Landungsbrücken und Alter Elbtunnel.

Ü ÜBRIGENS

Der **Hamburger Hafen** kann auf eine lange Geschichte zurückblicken: Im Jahre 1189 stellte Kaiser Friedrich Barbarossa den Hamburgern einen Freibrief aus, der Schiffen auf der Elbe bis an die Nordsee Zollfreiheit gewährte. Das muss natürlich gefeiert werden: Seit Ende der 1970er-Jahre treffen sich über eine Million Besucher alljährlich zum Hafengeburtstag. Wer sich aktuell informieren möchte, kann dies unter www.hamburg.de/hafengeburtstag tun.

Die Galionsfigur am Bug der Rickmer Rickmers hat schon vieles gesehen. Vorbild des kleinen Jungen im Matrosenanzug ist übrigens Rickmer, der dreijährige Enkel des Firmengründers der Rickmers-Reederei.

dürfte bekannt sein, dieses Panorama wird immer wieder als Standbild in Nachrichtensendungen eingeblendet, wenn aus der Stadt berichtet wird. Seit 1839 gibt es an dieser Stelle den Schiffsanleger, der ursprünglich für die Dampfschiffe gebaut wurde. Diese waren für den alten Hafen ein feuergefährliches Risiko, daher wurde weit außerhalb des Hafengebiets nach einer Lösung gesucht. Die heutige Anlage entstand zwischen 1907 und 1909 nach einem Entwurf von Raabe & Wohlecke. In dieser Zeit wurden die Landungsbrücken zu einem Verkehrsknotenpunkt auf dem Wasser, zu einem Wasserbahnhof umgestaltet. Von nun an verkehrten hier nicht nur Lastschiffe und der Hafenfährverkehr, auch die sich schnell entwickelnde Bäder- und Überseeschiffahrt nutzte das lang gestreckte Hafengebäude. Die Pontons, zu denen die beweglichen Brücken führen, heben und senken sich mit Ebbe und Flut, sodass die Schiffe unabhängig vom Wasserstand anlegen können. Das Abfertigungsgebäude zeugt auch heute noch von maritimer Tradition, denn hier, im Uhrenturm am Ostende des Gebäudes, wird immer noch jede halbe Stunde die Schiffsglocke geschlagen und weithin sichtbar der Wasserstand der Elbe angezeigt. Im Zweiten Weltkrieg wurde die Anlage stark beschädigt und 1953–55 als fast 700 Meter lange Betonkonstruktion wiederaufgebaut.

Heutzutage starten von hier aus keine Überseeschiffe mehr, diese Aufgabe übernimmt das neue Hamburg Cruise Center in der HafenCity. Dennoch ist an den Landungsbrücken immer noch viel los, die Barkassen zur Hafenrundfahrt starten von dort aus ebenso wie die Schiffe nach Helgoland und auch die Elbfähren verkehren hier.

Von wegen abgetakelt – Rickmer Rickmers

Am östlichen Ende der Pontons liegt das schwimmende Wahrzeichen, der über 114 Jahre alte Großsegler **Rickmer Rickmers** 2. Der Rumpf ist 97 Meter lang und 12,20 Meter breit. Die Geschichte des Schiffes war wechselhaft: Bevor es vor über 30 Jahren an den Landungsbrücken am Fiete-Schmidt-Anleger endgültig festmachte, se-

INFOS/ÖFFNUNGSZEITEN

Rickmer Rickmers 2: Landungsbrücken Ponton 1a, www.rickmer-rickmers.de, Museum tgl. 10–18 Uhr, Erw. 6 €. An Bord des Schiffsmuseums befindet sich ein Restaurant.
Cap San Diego 4: Überseebrücke, www.capsandiego.de, tgl. 10–18 Uhr, Erw. 9,50 €, erm. 5 €. Zu besichtigen sind der Stückgutfrachter und eine Ausstellung zum Thema Auswanderung.

KULINARISCHES FÜR ZWISCHENDRIN

Entlang der Landungsbrücken bieten viele **Kioske** und **Imbissbuden** Snacks für den kleinen Hunger an.

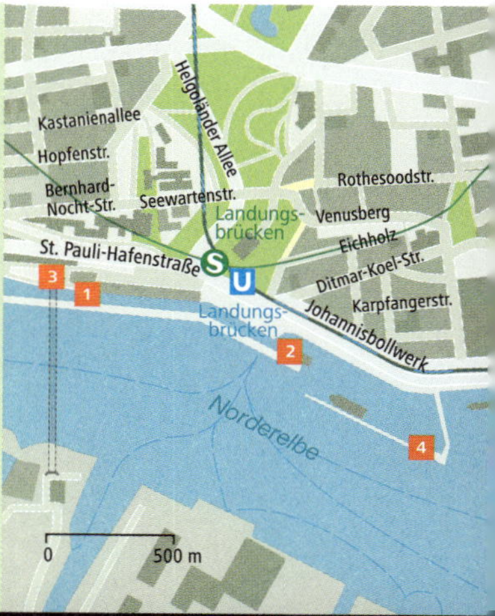

Cityplan: F 7 | **U/S-Bahn** Landungsbrücken

gelte es unter portugiesischer Flagge auch unter dem Namen Sagres, dann wurde es ausgemustert und abgetakelt. Großzügigen Spenden ist es zu verdanken, dass der Segler von der Firma Bugsier nach Hamburg geschleppt und am 7. Mai 1983 anlässlich des Hafengeburtstages feierlich dem Verein »Windjammer für Hamburg« übergeben werden konnte. Danach erfolgte eine vierjährige Überholung und Restauration mit dem Ziel, den Segler für interessierte Besucher als Schiffsmuseum zu erhalten.

Unter der Elbe entlang

In westlicher Richtung sieht man das graue Gebäude mit der grünen Dachkuppel, hier befindet sich der **Alte Elbtunnel** 3. Zu der Zeit seiner Entstehung 1911 wurde das Bauwerk als technische Meisterleistung gefeiert. Und in der Tat war es eine Herausforderung, die 426 Meter lange und 6 Meter breite Röhre 24 Meter unterhalb der Elbe voranzutreiben. Der Tunnel war damals notwendig geworden, da auf der anderen Seite der Hafenbetrieb boomte und die dort benötigten Arbeiter und Fuhrwerke so schnell und bequem dorthin gelangten. Seit der Sanierung der Weströhre ist der Tunnel bis auf Weiteres für Autos gesperrt. Für Fußgänger und Radfahrer ist er immer geöffnet.

Ü ÜBRIGENS

Von hier bis zur Ansteuerungstonne in der Nordsee (Elbmündung) sind es knapp 150 Kilometer. Dort gehen die **Elblotsen** an bzw. von Bord der großen Pötte. Am Bubendey-Ufer übernehmen die Hafenlotsen. Lotsenpflicht besteht für alle Schiffe, die länger als 90 Meter und breiter als 13 Meter sind sowie für alle Tankschiffe.

8

Bitte einsteigen und zurücklehnen – **Hafenrundfahrt**

Hamburg vom Wasser aus betrachtet ist Pflichtprogramm und bleibende Erinnerung: ob klassische Hafenrundfahrt oder einfach und günstig mit der Fähre von den Landungsbrücken nach Finkenwerder und zurück.

»Eine Seefahrt, die ist lustig, eine Seefahrt, die ist schön, denn da kann man fremde Länder und noch manches andre sehn«, so der Refrain eines alten Volkslieds. Fremde Länder sieht man bei einer Hafenrundfahrt zwar nicht, aber die großen Pötte, die von dort kommen. Und lustig ist die Fahrt dank der Kommentare des Schippers allemal. Gestartet wird an den **Landungsbrücken 1**, mehrere Unternehmen bieten hier die Hafenrundfahrten an. Verschiedene Touren sind möglich: die klassische Rundfahrt auf Barkassen, die große Hafenrundfahrt oder die Lichterfahrt zur

Keine Filmkulisse, sondern real: Wie riesige Stahldinosaurier ragen die Containerbrücken im Hamburger Hafen in den Himmel.

Speicherstadt und dem Hamburger Hafen in den Abendstunden.

Ich wähle den Klassiker mit Kapitän Prüsse bei der Pontonbrücke 3a, gleich neben dem Uhrenturm. Die Fahrt dauert ca. 60 Minuten und führt zum Teil durch die Speicherstadt, vorbei an der HafenCity zum Steinwerder Hafen, dann durch den Querkanal Reiherstieg, die Ellerholzschleuse und zurück an den Trockendocks von Blohm & Voss vorbei. Wenn man die Tour absolviert, bekommt man einen guten Eindruck von der Weitläufigkeit von Deutschlands Tor zur Welt, das sich auf gut 72 km^2 erstreckt und dicht bebaut ist.

Einsteigen bitte!

Los geht die Reise auf einer 50 Jahre alten Barkasse Richtung Speicherstadt. Vorbei an den Museumsschiffen **Rickmer Rickmers** und der **Cap San Diego**. Letzteres wurde aufgrund seiner eleganten Linienführung auch Schwan der Weltmeere genannt. Weiter sieht man das **Feuerschiff** (► S. 87) und das moderne Gruner+Jahr-Gebäude. Wir erreichen den Magdeburger Hafen, den ältesten Teil des Hafens, der hier vor gut 800 Jahren entstanden ist. Rein geht es in den **Speicherstadt-Fleet** 2 bis Kehrwieder. Man sieht die alten Speicher, die heute das Miniatur Wunderland, das Hamburg Dungeon oder die Hamburg Port Authority beherbergen. Heute geht es in die Fleete nicht weiter rein, da der Wasserstand zu niedrig ist, denn Hamburg hat einen Tidehafen mit Ebbe und Flut. Wer Wert auf den lohnenswerten Abstecher durch die Speicherstadt legt, sollte sich vorab beim Veranstalter erkundigen, zu welchen Zeiten dies möglich ist. Wir verlassen den Magdeburger Hafen und erreichen die **Norderelbe** 3, vorbei an der **HafenCity** 4 mit der Elbphilharmonie an der Spitze des Kaiserhöfts.

Hamburgs neues Wahrzeichen beeindruckt mit seiner optischen Präsenz. Am gegenüberliegenden Elbufer sieht man das Zelt des Musicals »König der Löwen«. Der Wellengang wird stärker, vor uns liegt der östliche Teil des Hafens, **Steinwerder** 5 und **Kleiner Grasbrook** 6. An 363 Tagen im Jahr wird in diesem Bereich gearbeitet, nur am 1. Weihnachtstag und Neujahr wird pausiert. Weiter in den **Hansahafen** 7, 1,6 Mio. Autos wurden dort letztes Jahr verladen, viele davon waren für

D
DÖNTJES

Döntjes sind bei einer Hafenrundfahrt inklusive: nett gemeinte Flunkereien und Geschichten der hamburgischen Art. Die Erklärungen und Anekdoten des Schippers sind häufig lehrreich und immer unterhaltsam. He lücht, diesen Beinamen haben sich die Barkassenführer redlich verdient.

Diese Seefahrt scheint wirklich lustig zu sein.

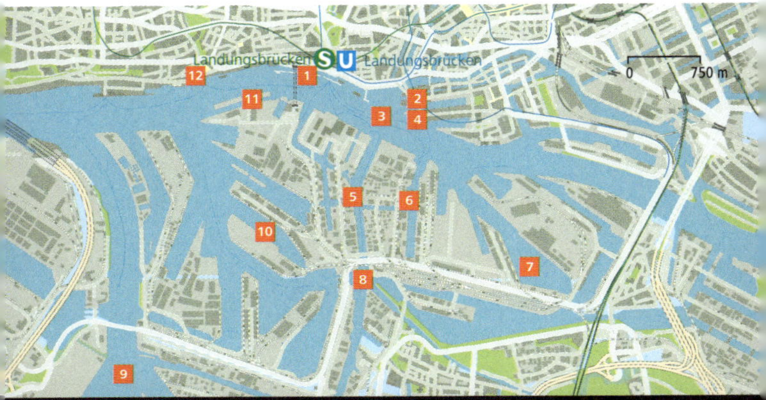

Cityplan: E/F 7/8 | **U/S-Bahn** Landungsbrücken

INFOS/ÖFFNUNGSZEITEN

Kapitän Prüsse: St. Pauli Landungsbrücken, Brücke 3a, www.kapitaen-pruesse.de, tgl. ab 11 Uhr, Erw. 19 €, Kinder bis 12 J. 9,50 €

KULINARISCHES FÜR ZWISCHENDRIN

Entlang der Landungsbrücken bieten **Kioske** und **Imbissbuden** Snacks an, Getränke kann man auf den Schiffen kaufen.

die Dritte Welt bestimmt. Die Fahrt geht in den **Reiherstieg** 8, hier entstanden um 1840 erste Werfen, auch wurden dort die ersten Schwimm- und Trockendocks auf Hamburger Gebiet errichtet. Der kanalisierte Elbarm verbindet den Hafen mit der **Süderelbe** 9 und Norderelbe. Weiter vorbei an Werften und der Shell-Raffinerie bis zur Ellerholzschleuse, die 1906 in Betrieb genommen wurde. Nach einigen Minuten Wartezeit schließt das Schleusentor hinter uns, das vordere öffnet sich und die Fahrt geht voran. In diesem Areal soll in den nächsten Jahren der neue Containerhafen entstehen, das Central Terminal Steinwerder (CTS).

Am **Kaiser Wilhelm Hafen** 10 vorbei, der zu Beginn des 20. Jahrhunderts der Hafen für Emigranten in die Neue Welt war, schippern wir zurück auf die Elbe, an uns ziehen die **Docks von Blohm + Voss** 11 vorüber. Auf der Werft werden Marineboote, Jachten für russische Oligarchen und Kreuzfahrtschiffe gebaut und überholt. Gegenüber von Dock 10 erkennt man den **Fischmarkt** 12 und die Alte Fischauktionshalle. Und schon geht es zurück zur Anlegestelle – eine Stunde auf dem Wasser kann kurzweilig sein.

Ü
ÜBRIGENS

Der HafenCity RiverBus bietet eine Stadtkreuzfahrt an Land und im Wasser in nur einem Fahrzeug. Das **amphibische Fahrzeug** ist Schiff und Reisebus in einem. Kennt man sonst nur aus James Bond Filmen (hafencityriverbus.de).

Wer will nochmal, wer hat noch nicht? – **Fischmarkt**

\# 9

Frühaufsteher aufgepasst: Immer sonntags findet der legendäre Fischmarkt mit Verkaufsständen unter freiem Himmel statt. Ob Sonne, Regen oder Schnee: Es wird gehandelt, was das Zeug hält. Grünpflanzen, Handys, Aal, Kleintiere und Bananen – die Marktschreier bringen so ziemlich alles an den Kunden.

Der **Fischmarkt** 1 hat eine lange Tradition, die bis ins Jahr 1703 zurückreicht. Seit diesem Jahr erlaubte der Magistrat von Altona den Fischern, ihren Fang auch am Sonntag zu verkaufen, »bis die Glocke um halbe neun schlägt«. Um 5 Uhr in der Früh geht es los, in den Wintermonaten etwas später, um 7 Uhr. Rund um die alte Fischauktions-

Schietwetter oder nicht: Erst mal Fischbrötchen essen!

halle finden sich bei gutem Wetter jeden Sonntag Tausende von Besuchern ein, die dem Spektakel beiwohnen wollen. Ein buntes Völkchen von Touristen, Nachtschwärmern und Einheimischen zieht in den frühen Morgenstunden hierher, um vermeintliche Schnäppchen zu machen oder um sich einfach gut unterhalten zu lassen.

Auf dem Markt werden neben Fisch heute Obst, Gemüse, Blumen und Flohmarktartikel an den Mann gebracht. Dabei hilft das schauspielerische Talent der Verkäufer erheblich und das kennt keine Grenzen: Aale-Dieter, Bananen-Fred, Wurst-Willy und Kollegen sind die heimlichen Stars. Auf ihre unnachahmliche Art und Weise machen sie dem begeisterten Publikum klar, dass bei den Preisen die Ware mehr oder weniger verschenkt werde. So manch einer ertappt sich dann mit einer Topfpalme unter dem Arm, die er eigentlich gar nicht haben wollte. Aber dabei sein ist alles. Gegen 9.30 Uhr ist Schluss, es ertönt der traditionelle Gongschlag, Hamburgs Hymne Hammonia wird gespielt und der Handel ist vorüber. Aber ein Trost für alle: Das Schauspiel wiederholt sich garantiert am nächsten Sonntag.

Ü
ÜBRIGENS

Der Spätherbst und Winter ist die klassische **Sturmtief-Zeit.** Zuletzt hatte Orkantief »Zeynep« im Februar 2022 seine Spuren hinterlassen: Hunderttausende Kubikmeter Wasser werden dann Richtung Hamburg gedrückt. Häufig rückt in dieser Zeit die Feuerwehr aus, um Fahrzeuge abzuschleppen und andere Spuren der Zerstörung zu beseitigen.

Aale, Aale, Aale – die Fischauktionshalle

Die ursprüngliche St. Pauli Fischauktionshalle gibt es nicht mehr, sie befand sich ganz in der Nähe gegenüber dem Restaurant Fischerhaus. Die schöne Halle, die man am Markt sieht, ist die

Fisch kauft man heute anderswo: Livemusik in der Altonaer Fischauktionshalle am Sonntagmorgen.

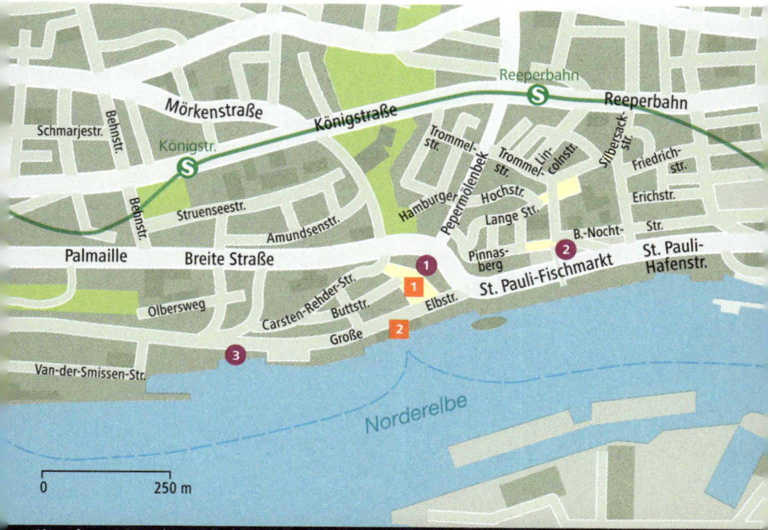

Cityplan: D/E 7 | **S-Bahn** S 1 Reeperbahn

KULINARISCHES FÜR ZWISCHENDRIN

Der Fischmarkt macht natürlich Appetit auf Spezialitäten aus dem Meer. Täglich frische Ware kommt in der **Alt Helgoländer Fischerstube** 1 auf den Tisch (Fischmarkt 4, www.althelgolaender fischerstube.de, tgl. 12–24 Uhr, €€). In der **ÜberQuell Brauerei** 2 gibt es Craft-Bier aus eigener Produktion und leckere Pizzen (Fischmarkt 28–32, www.ueberquell.com, Mo–Do 17–24, Fr–So ab 13 Uhr, €). Bekannt ist auch die **Haifisch-Bar** 3 (Große Elbstr. 128, https://haifischbar.hamburg, Mo–Fr 11–4 Uhr, Sa/So durchgehend geöffnet, €). In dem maritimen Ambiente wurde frühe Fernsehgeschichte geschrieben.

Altonaer Halle 2. Bis 1933 gab es nämlich die beiden benachbarten Fischmärkte von Hamburg und Altona, dabei hatte Altona den Vorteil des direkten Gleisanschlusses, was auch ein besseres Geschäft mit Frischwaren bedeutete. 1934 schlossen sich die beiden Märkte zusammen, das Groß-Hamburg-Gesetz von 1938 vereinigte das bis dahin selbstständige Altona mit der Hansestadt Hamburg.

Die Fischauktionshalle wurde 1896 gebaut, ein Industriedenkmal mit Eisenkonstruktion, Backsteinverkleidung und großer Kuppel. Sie hat hier am Markt als Umschlagplatz für Fisch und anderes Meeresgetier schon lange ausgedient. Heute wird das restaurierte Gebäude hauptsächlich für Veranstaltungen genutzt.

10

Strangers in the Night – **Reeperbahn**

»Auf der Reeperbahn nachts um halb eins, ob Du'n Mädel hast oder auch keins …«, mit dieser Zeile setzte Hans Albers der Amüsiermeile ein musikalisches Denkmal. Und recht hatte er, spätabends und am Wochenende ist rechts und links der Amüsiermeile Reeperbahn richtig was los. Angesagte Musikclubs und Kneipen laden zum Feiern, die schönste Aussicht auf den Hafen wird einem in der Bar des 20up geboten, dem höchsten Neubau in St. Pauli.

Tatort **Spielbudenplatz** 1: Die Tanzenden Türme spalten die Hamburger in zwei Lager: Die einen schätzen den modernen Entwurf (Architekturbüro BRT) mit Potenzial zu einem Wahrzeichen, die anderen sehen in den Türmen ein weiteres Symbol der Gentrifizierung des Kiezes. Unbestritten findet man hier in der 23. und 24. Etage das höchstgelegene Restaurant bzw. Bar Hamburgs, das Clouds. Die Aussicht ist fantastisch und die Preise bewegen sich im oberen Bereich. Unten im Erdgeschoss des Gebäudes befinden

Der Spielbudenplatz ist nicht nur beim Eurovision Song Contest beliebter Treffpunkt auf der Reeperbahn.

sich der Lokalsender Radio Reeperbahn und der Mojo Club, der weit über Hamburgs Grenzen bekannt ist.

Gleich nebenan im **Stage Operettenhaus** 1 (▶ S. 107) werden Musicals gegeben. Zurzeit wird hier »Hamilton« gespielt, die brillante Geschichte der amerikanische Gründungsväter. Vorbei am Musiklub Docks kommt man zu **Panik City,** (Nr. 21/22, www.panikcity.de), wo Udos Panikstory multimedial erzählt wird. Nach den beiden Schmidt-Theatern läuft man geradewegs auf Angie's Nightclub zu. Auch unter Angies Nachfolgerin bleibt der Club ein Klassiker der Livemusik und Discoszene auf der Reeperbahn. Daneben liegt die **Davidwache** 2, bekannt aus vielen Jürgen-Roland-Filmen. Die Beamten haben sich an den Besucherwunsch, den vorderen Dienstraum besichtigen zu dürfen, schon gewöhnt. Auf der anderen Seite der Reeperbahn beginnt rechts der Hamburger Berg.

In den Seitenstraßen der Amüsiermeile

Lebendig macht den »Berg« wie St. Pauli insgesamt das Publikum jeglicher Couleur, wie Jurastudenten, Punker, IT-Mädels, Künstlertypen, Schwiegereltern und -söhne ... Am besten geht man von der Reeperbahn kommend auf einer Straßenseite dieser kleinen Straße hoch und auf der anderen Seite wieder runter: natürlich immer von Bar zu Bar! Weiter geht es in die Talstraße, die auch so eine kleine Ausgehmeile ist. Die Schmuckstraße entlang, sie war bis in die 1930er-Jahre das Zentrum von Chinatown, geht es in die Große Freiheit, neben der Reeperbahn die bekannteste Vergnügungsstraße in St. Pauli.

Früher liefen hier die Sex-Live-Shows nonstop. Heute tanzen im Dollhouse durchtrainierte Körper auf dem Tresen, auf Dance tables und in Käfigen. Zum Abkühlen geht's auf einen Drink ins gegenüberliegende Dollhouse-Diner. Umwerfend weiblich aussehende Transvestiten warten in der Monica-Bar auf männliche Gesellschaft. In der Großen Freiheit 36 treten am Wochenende mitunter Livebands auf und die Disco im Kaiserkeller platzt nach Mitternacht aus allen Nähten. Auch das Szene-Urgestein Grünspan ist nicht weit entfernt. Im Laserlicht wird von Rock bis House fast alles geboten.

Richtung Reeperbahn erreicht man am Ende der Großen Freiheit den **Beatles-Platz** 3, der auf

Ü ÜBRIGENS

Das älteste Gewerbe der Welt scheint auch das Meiste abzuwerfen: In der HASPA-Filiale Reeperbahn/Ecke Hein-Hoyer-Straße befindet sich **Deutschlands umsatzstärkster Geldautomat:** Jeden Monat zweistellige Millionenbeträge, das ist Rekord!

»Mein St. Pauli bei Nacht ...«

T
TATTOO

Deutschlands erstes **Tattoo Studio** wurde 1946 am Hamburger Berg in St. Pauli eröffnet, die ersten Kunden waren natürlich – nicht immer freiwillig – Seemänner. Mehr interessante Infos: www.die-aelteste.de.

Initiative des Hamburger Radiosenders Oldie 95 ins Leben gerufen wurde. Der Platz hat einen Durchmesser von 29 Metern, wobei der schwarze Bodenbelag auf eine Vinyl-Schallplatte anspielt. Am Rand des Platzes erinnern Skulpturen der Musiker an ihre großen Anfangserfolge in der Stadt.

Pulverfass, Ritze und Kasino

Zurück zur Reeperbahn. In Nr. 147 eröffnete Heinz-Diego Leers sein legendäres **Pulverfass** 2. Die exquisite Travestieshow der Herrendamen findet dreimal am Abend statt. Der Weg führt

AUSGEHEN

Pulverfass 2: Reeperbahn 147, www.pulverfasscabaret.de, Shows ab 19.30 Uhr

Ritze 3: Reeperbahn 140, www.zurritze.com, Mo–Do 17–2, Fr/Sa 14–6, So 14–2 Uhr

The BUNNY BURLESQUE St. Pauli 8: Große Freiheit 27a, https://www.olivia-jones.de/bunny-burlesque/, Fr 21.45–3, Sa 20.45–4 Uhr

Hamburger Berg 5

Zum Goldenen Handschuh, Nr. 2, www.goldener-handschuh.de, tgl. 18–16 Uhr. Die »Honka-Stube«. Eine Traditionsspelunke, die es seit Jahrzenten auf St. Pauli gibt. Heinz Strunk hat der kultigen Kiezkneipe ein literarisches Denkmal samt Bühnenstück gesetzt. Berühmt geworden ist die Location durch den vierfachen Frauenmörder Fritz Honka, der hier seine späteren Opfer kennenlernte.

Barbarabar, Nr. 11, www.barbarabar.de, Do–So ab 20 Uhr. Tolle Atmosphäre, ein Klassiker. Unter der Woche Hörspielabende (Di) und Kickerturniere (Mi)

Roschinky's Bar, Nr. 19 , www.roschinskys.de, Do–Sa ab 20 Uhr. Auch eine alte Traditionskneipe, die inzwischen den Besitzer wechselte. Neuer Anstrich, neue Preise, weniger Seemannskult. Heute gibt es hier Fußball-TV und Craft Beer. Am Wochenende legen DJs auf, von House bis Rock.

Talstraße 6

Wunderbar, Nr. 14, www.wunderbar-hamburg.de, tgl. ab 22 Uhr. Die Eurovision Song Contest-Party ist sicherlich ein jährliches Highlight in der schwulen Kultbar. So viel Party wird belohnt, deshalb wurde die Wunderbar auch mit dem goldenen Hinnerk für die beste Location ausgezeichnet.

Deniz Imbiss, Nr. 27, tgl. 12–2 Uhr. Man kann getrost auf die zweitklassigen Reeperbahn-Brutzelbuden verzichten und sich lieber auf den kleinen Umweg machen. Hier wird der Teig für das Fladenbrot noch jeweils frisch von starken Händen geknetet. Die Pide sind legendär.

Kuchnia, Nr. 87, www.kuchnia-wodkabar.eatbu.com, Mo-Fr ab 17, Sa/So ab 16 Uhr. Junges Restaurant mit osteuropäischer Küche. Leckere Hausmannskost, modern präsentiert. Es gibt auch feine Cocktails – natürlich auf Wodkabasis – mit faszinierenden weiteren Zutaten.

Hans-Albers-Platz 7

Hans-Albers-Eck, Nr. 20, www.hans-albers-eck.de, Fr/Sa und vor Feiertagen ab 20 Uhr. Klassiker mit maritimer Einrichtung am Hans-Albers-Platz. Über zwei Ebenen wird hier gefeiert, bis der Arzt kommt. Im Sommer empfiehlt sich der Biergarten mit Außentresen.

La Paloma, Friedrichstr. 11, www.la-paloma-hh.de, Di–So ab 19 Uhr. Am Wochenende ist der Laden gerammelt voll. Die berühmte Eckkneipe gehörte am Eros-Center vorbei, wo im Tiefgeschoss die Mädels auf ihre Freier warten. Etwas weiter liegt die sagenumwobene **Ritze** 3 mit dem plakativen Gemälde von Erwin Ross am Eingang. Der 2010 verstorbene Künstler wurde auch der Rubens der Reeperbahn genannt, er hat sich mit seinen Pin-up-Darstellungen in vielen Lokalen auf dem Kiez ein Denkmal gesetzt. Im Obergeschoss der Kneipe laufen Pornos, im Keller wird geboxt. Auch Boxlegende René Weller ist hier groß geworden. Umgeben von Porno- und Sexshops liegt das **Kasino Reeperbahn** 4, wo man an über 100 Automaten sein Glück herausfordern kann. Wir

Hier wird an Illusionen gearbeitet. Backstage im Pulverfass.

früher mal dem Maler Jörg Immendorf, der auch die Skulptur vom Blonden Hans hier auf dem Platz schuf.
Im **Molly Malone**, Nr. 14, www.molly-malone-hh.de, Fr/Sa und vor Feiertagen 20–7 Uhr, ist gute Stimmung. In dem Irish Pub wird regelmäßig Livemusik zu Bier von der Insel geboten.

St. Pauli von oben

Genießen Sie von der 20up Bar im obersten Stock des **Empire Riverside Hotel** 9 in 90 m Höhe einen unvergesslichen Blick auf Elbe und Hafen. Sportlich-elegante Abendgarderobe erwünscht (Bernhard-Nocht-Str. 97, www.empire-riverside.de, So–Do 18–2, tgl. 18–1 Uhr). Ebenfalls einen fantastischen Panoramablick bietet das **Clouds – Heaven's Bar & Kitchen** 10. Hamburgs höchstes Restaurant befindet sich im 23. Stock der Tanzenden Türme. Ideal nach einem Musical-Besuch oder zu Beginn einer Kieztour (Reeperbahn 1, www.clouds-hamburg.de, tgl. 17 Uhr bis open end).

Cityplan: E 7 | **U-Bahn** U 3 St. Pauli, **S-Bahn:** S 1 Reeperbahn

N
NOCH WAS

Die traditionellen Amüsierbetriebe auf Reeperbahn und Nebenstraßen sind glücklicherweise noch nicht ausgestorben. In diesen Lokalen gelten aber eigene **Verhaltensregeln,** die es zu beachten gilt, um ein böses Erwachen zu vermeiden: Nie etwas zu trinken bestellen, ohne vorher den Preis zu prüfen. Nach Erhalt des Getränks sofort bar bezahlen. Nie das gesamte Geld zeigen, das man bei sich hat. Und keinesfalls Champagner oder Sekt ordern – der Preis dafür kann ins Unermessliche steigen! Wer das beachtet, kann jedes Lokal auf dem Kiez ohne Bedenken besuchen. Ausnahme: In der Herbertstraße ist der Zutritt für Frauen verboten.

überqueren die Straße Richtung Schuh-Messmer, Hamburgs ältestem Schuhgeschäft. Die »Sex and the City«-Stars hätten hier ihre Freude – High Heels, so weit das Auge reicht.

Orte nur für Männer und solche für alle, die das pralle Leben mögen

Weiter rechts stehen in der Davidstraße ab 20 Uhr Prostituierte vor Kneipen und Table-Dance-Bars. Die 60 Meter kurze **Herbertstraße** 4, die hier abzweigt, ist ausschließlich Männern vorbehalten. Frauen dürfen nicht passieren. Die weltberühmte Gasse wurde um 1900 von der Stadt als geschlossene Wohnanlage für die Frauen angelegt. Die Sichtbarrikaden an beiden Enden wurden erst 1933 auf Geheiß der Gauleitung angebracht. Unter den Nazis herrschte Prostitutionsverbot, aber was man im Vorbeigehen nicht sehen konnte, existierte eben auch nicht. Von der Davidstraße geht es rechts in die Erichstraße. Hier liegen vor neugierigen Blicken geschützt die SM-Clubs und die Boutique De Sade.

Die Friedrichstraße führt dann direkt auf den **Hans-Albers-Platz** 7 zu. Dort tobt am Wochenende in den Szenebars das Leben. Im La Paloma kann der Kurze um Mitternacht aufgrund des Andrangs nur noch im Stehen vor der Tür gekippt werden. Auch in den anderen Kneipen drum herum sieht es um diese Zeit nicht viel besser aus.

Noch einmal zurück in die Große Freiheit 27a: Hier befindet sich Olivia Jones' **The BUNNY BURLESQUE St. Pauli** 8. Dita Von Teese hat den fast in Vergessenheit geratenen stil- und humorvollen Strip wieder populär gemacht. Auch wenn die Queen of Burlesque in Hamburg selbst nicht präsent ist, geben ihre Kolleginnen Eve Champagne, Miss Setty Mois, Koko La Douce oder Viola Vixen ihr Bestes und baden auch schon mal im übergroßen Champagnerglas.

UM DIE ECKE

Das **Panoptikum** 5 steht schon seit mehr als 100 Jahren am Spielbudenplatz. Die täuschende Ähnlichkeit der Wachsexponate mit Promis wie Genscher und Gorbatschow, Udo Lindenberg, Otto Waalkes und den Beatles verblüfft den Besucher immer wieder (www.panoptikum.de, tgl. 10–20, Sa 10–22 Uhr, 7,50 €, erm. 7 €).

Vintage und Design – **das Karoviertel**

11

Die Marktstraße mitten im Karoviertel ist das Modemekka für alle, die junge, ausgefallene Mode schätzen. Viel Secondhandkleidung findet man auch auf dem Flohmarkt an der alten Rinderschlachthalle, der hier jeden Samstag stattfindet – einer der interessantesten Flohmärkte überhaupt. Ein früher Besuch lohnt fast immer.

Das Karolinenviertel, kurz Karoviertel genannt, liegt in dem Gebiet um den ehemaligen Schlachthof herum. Die heimliche Hauptstraße des Quartiers ist die **Marktstraße** 1, bekannt für ihre kleinen und individuellen Läden.

Anstelle von Massenkonfektion wird hier Secondhandmode und interessante Bekleidung von Hamburger Jungdesignern, die häufig auch nach Kundenwunsch fertigen, angeboten. Die meisten Kleidungsteile und Accessoires sind zwar nicht so

Kreativ und multikulti: im Karoviertel gelebte Realität

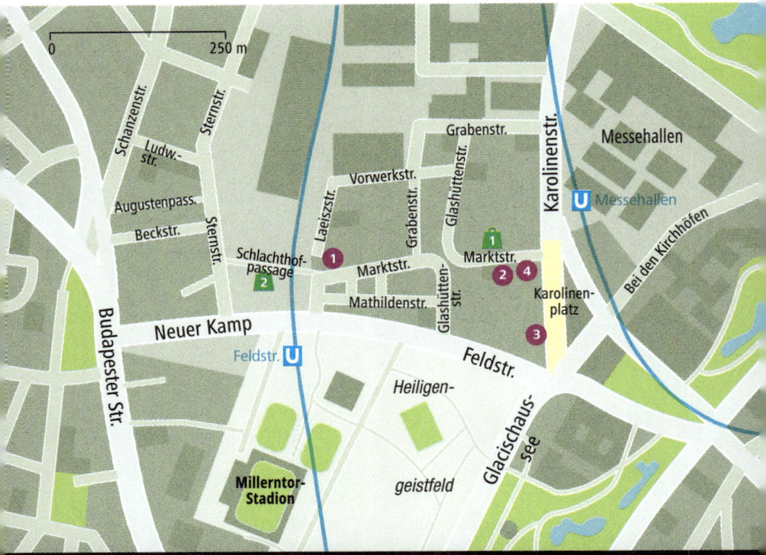

Cityplan: F 6 | **U-Bahn** U 2 Messehallen, U 3 Feldstraße

KULINARISCHES FÜR ZWISCHENDRIN

Die gemütliche **Karo Ecke** ❶ (Marktstr. 92, tgl. 11–1 Uhr) gibt es seit gut 30 Jahren. Der täglich frisch gebackene vegane Obstkuchen ist ein Gedicht. In **De Zmarten Panther** ❷ (Marktstr. 3, www.dezmartenpanther.de, Mo–Fr 11–17, Sa/So ab 10 Uhr) gibt's Frühstück, Panini, Pasta und Smoothies. Großen Wert wird auf lokale und heimische Produkte gelegt. Sensationelle Burger mit regionalen Zutaten gibt es bei **Dulf's Burger** ❸ (Karolinenstr. 2, www.dulfs-burger.de, tgl. 11.30–22 Uhr). Typisch italienisch geht es in der **Trattoria Cento Lire** ❹ zu (Karolinenstr. 12/Ecke Marktstr., www.trattoriacentolire.de, Mo–Fr 12–15.30 und 18–23, Sa 12–23 Uhr). Mit 100 Lire kommt man hier nicht weit – ist aber trotzdem günstig.

günstig wie bei Zara oder H&M, doch kleine Auflagen oder limitierte Teile sind in der Produktion auch teurer und Qualität hat eben ihren Preis. Neben Mode gibt es in den Geschäften Wohnbedarf und Kuriositäten zu kaufen, die Gastronomie lädt zu kleinen Zwischenstopps ein. Überhaupt, in der Marktstraße geht man den Tag ruhig an, erst mal Kaffee und Croissant, die meisten Läden öffnen vor 11 Uhr eh nicht.

Die Marktstraße hoch ...

Über den Karolinenplatz gelangt man in das alternative Modemekka. Der Besucher hat rechts und links der Straße genügend Auswahl an interessanten Geschäften. Ich beschränke mich hier auf einige wenige. Gestartet wird auf der rechten Seite. Der **Goldmarie Shop** (Nr. 145) bietet ausgefallene Casual-Wear und Accessoires wie Taschen, Gürtel und Tücher. Auch Accessoires für die Wohnung gibt es in dem Concept Store zu entdecken.

Wer jetzt schon eine Pause braucht, dem sei **Gretchens Villa** (Nr. 142) empfohlen. In dem türkis-goldfarbenen Interieur lässt sich gut frühstücken, bis mittags werden die bei den Gästen beliebten Leckereien wie »Süßer Start«, »Strammer Start«, »De Luxe« oder »Veganer Start« angeboten (unter der Woche bis 12, Sa/So bis 14 Uhr). Links im gleichen Gebäude befindet sich das Café **Salon Wechsel Dich,** seine süßen Waffeln sind begehrt beim Publikum.

Lecker frühstücken in Gretchens Villa – so schön kann der Tag beginnen.

Der Bioladen **Lollo Rossa** (Nr. 119), benannt nach einer Salatsorte, ist bekannt für seine große Auswahl an Käse und Wein. Die vier riesigen Deckenleuchten mit floral-maritimen Aufdrucken nach Entwürfen der Besitzerinnen werden auf Anfrage auch für Kunden neu hergestellt. Weiter zu **Groove City** (Nr. 114), das Angebot an Black Music speziell auf Vinyl ist ausgezeichnet; freuen Sie sich also auf viele Original-Pressungen und Compilations.

Der Laden hat übrigens auch den Hamburger Plattenlädenguide herausgegeben, dieser ist kostenlos an der Kasse erhältlich. Bei **Alpenglühn** (Nr. 108) erinnern nur Materialien wie Leinen und Loden an bajuwarische Gefilde, sonst ist die Mode hier mit hanseatischen Motiven versehen.

Herr von Eden kennt man nicht nur in Hamburg.

... und wieder runter

Zurück in der Marktstraße, liegt gegenüber vom Kinderspielplatz die **Karo Ecke** (1). Zeit für einen Kaffee, bevor es auf der linken Seite zurück zum Ausgangspunkt geht. Bei **Hot Dogs** (Nr. 38) steht »old originals boys 'n' girls« an der Fensterscheibe. Verkauft werden beispielsweise alte Cowboy-Hemden und Sportkleidung sowie original 1970er-Jahre-Trainingsanzüge von Adidas.

Ein Stück weiter hat **Herr von Eden** (Nr. 33) seinen Laden. Den Herrn von und zu gibt es nicht wirklich, das über die Stadt hinaus bekannte Modelabel heißt so. Den Stil beschreibt man am besten mit *classic with a twist*, zur Kollektion gehört eine eigene Duftlinie mit drei Eau de Toilettes mit so exotischen Namen wie Enterpe, Eros und Eclipsa.

Weiter zur Hausnummer 29. Im Souterrain residiert **Senator Watrin**. Nach der erfolglosen Bewerbung auf den Job des Kultursenators hat der Inhaber vor einigen Jahren diesen Galerieflohmarkt mit Netzkunst an der Decke aufgemacht. Bekannte Künstler wie Daniel Spoerri oder Sir Peter Blake lassen sich hier auch schon mal sehen. Im Erdgeschoss des Gebäudes befindet sich das **Elternhaus**. Hauptsächlich mit mehr oder weniger originellen Sprüchen bedruckte Textilien werden hier verkauft, aber seit McLuhan wissen wir ja, dass das Medium die Botschaft ist.

Die **Vintage Gallery** (Nr. 27) bietet Mode aus den Zwanzigern bis hin zu den Neunzigern an. Auch Schuhe, Schmuck und kleine Wohnaccessoires kann man hier finden. Jetzt geht es zu **Lobby Skateshop** (ebenfalls Nr. 27). Hier finden Skateboard-Fahrer so ziemlich alles, was man in einem Fachgeschäft erwarten kann – neben Skateboards auch limitierte Editionen von Schuhen und Bekleidung. Bei der Hausnummer 12 findet man im rechten Geschäft **Lilit** mit ausgesprochen weiblicher Mode und fließenden Stoffen, wie die Besitzerin betont. Die Stücke sind vorwiegend italienischer und französischer Herkunft.

Zum Abschluss geht es zu **Snaps.Hamburg** (Nr. 6), einem Laden voller Geschenkideen. Sie sollten unbedingt nach dem Porzellan-Schmuck aus Schottland von And Mary fragen – sehr gut gemacht und absolut bezahlbar. Pinkfarbige Flamingos sind im Laden ein großes Thema und immer dekorativ, ob als Gießkanne, Regenschirm, Flaschenaufsatz oder Serviettenmuster. Bevor wir die Marktstraße verlassen, gönnen wir uns noch eine Pause im **De Zmarten Panther** 2.

UM DIE ECKE

Falls Sie den Rundgang am Samstag machen, haben Sie Glück, denn nach ein paar hundert Metern geradeaus erreichen Sie einen der besten Flohmärkte in der Stadt. Auf dem Platz vor und teilweise in der Alten Rinderschlachthalle findet das ganze Jahr über regelmäßig die **Flohschanze** 2 statt.

▶ LESESTOFF

Auch das Karo- und das Schanzenviertel blieben nicht von der Gentrifizierung verschont. Wer wissen will, wie es vor über 30 Jahren hier aussah, sollte einen Blick in das Buch **Schanze 1980** werfen.
Junius Verlag, Hamburg 2015

Hier wird jeder fündig: Trubel an der Flohschanze, dem Samstagsflohmarkt am Schlachthof, zwischen Schanzenviertel und Karolinenviertel.

Gay Pride – **St. Georg-Viertel**

12

Unweit des Hauptbahnhofs liegt das sehr kontrastreiche St. Georg, dessen Lebensader die Straße Lange Reihe ist. Cafés, Restaurants, Kneipen und Klamottenläden reihen sich hier dicht nebeneinander auf. Die schwul-lesbische Szene ist hier zu Hause und prägt sichtbar den Stadtteil, der nach wie vor auch Schmuddelecken hat.

St. Georg ist Hamburgs vielseitigster Stadtteil. Nur knapp 2 km^2 ist das Viertel groß, aber die Gegensätze sind schon beachtlich. Auf der einen Seite, zwischen Lange Reihe und Alster, ist das Leben und Wohnen vorzugsweise bei der Gay Community sehr schick und beliebt, was natürlich Auswirkungen auf die Preise hat. Wohnungen in dieser Ecke gehören mittlerweile zu den teuersten in der Stadt. Vermehrt wird der Mietwohnraum in Eigentumswohnungen um-

Am Christopher Street Day feiert sich die Szene selbst.

Ü
ÜBRIGENS

1966 sollte von hier bis zur Alster alles dem Boden gleichgemacht werden. Investoren wie die Neue Heimat träumten von einem **Alster-Manhattan** mit Bauwerken mit bis zu 60 Stockwerken. Widerstand rettete das Viertel vor dem Totalabriss, 1973 wurde das Projekt Alsterzentrum dann zu Grabe getragen – zum Glück für St. Georg, das seit dieser Zeit eine städtebauliche Renaissance erlebt.

Ein typisches Likörell von Udo Lindenberg, der nicht nur ein genialer Musiker und Maler ist, sondern auch gern gesehener Dauergast im Hotel Atlantic.

gewandelt. Dem kann man auch etwas Positives abgewinnen, denn hässliche Nachkriegsbauten werden abgerissen, um Platz für attraktive Neubauten mit Wohneigentum zu schaffen.

Auf der anderen Seite ist die Gegend zwischen Hansaplatz, Steindamm und Hauptbahnhof immer noch das typische Bahnhofsviertel, wie man es aus Großstädten kennt – mit den entsprechenden Problemen wie Kleinkriminalität, Drogen und Rotlichtmilieu.

Unerwünschtes vor den Toren Hamburgs

Der Name des Stadtteils St. Georg hat seinen Ursprung in dem heiliggesprochenen und im Jahre 303 verstorbenen römischen Soldaten, der wegen seiner Tapferkeit von den Kreuzfahrern als ihr Schutzpatron angesehen wurde. Im Mittelalter wurde in ihm der Helfer und Schützer von aussätzigen Menschen gesehen. Ende des 12. Jh. wurde hier auf dem Boden außerhalb der Stadt das St.-Georgs-Hospital für Leprakranke gegründet. Es war eher ein Asyl denn ein Krankenhaus. Bei Straftätern und Unschuldigen war die Gegend daher gleichermaßen gefürchtet, denn seit 1554 befand sich hier auch der Hamburger Galgen. Um 1564 legte man in dem Gebiet auch den Pestfriedhof an, der später als Armenfriedhof weiterbestand. In St. Georg siedelte man eben alles an, was in der Stadt nicht erwünscht war. Daneben gab es viele Schweineställe, nachdem das Halten der Tiere innerhalb der Stadtmauern ab 1583 verboten war.

Nach dem Bau von Bastionen wurde das Viertel 1681 in die Stadtfestung mit einbezogen. Im Jahr 1830 schließlich wurde St. Georg Vorstadt und 1868 nach Hamburg eingegliedert. In dieser Zeit wuchs die Bevölkerung rasant und es entstanden in der Folgezeit die typischen Etagenhäuser, die den Stadtteil zum großen Teil noch prägen. Zum Hotel- und Vergnügungsviertel avancierte St. Georg mit der Eröffnung des Hauptbahnhofs 1906. Das bekannte Luxushotel Atlantic nahm 1909 seinen Betrieb auf, es folgte der Reichshof, damals das größte Hotel Deutschlands und weitere kleine Hotels in der Umgebung. Der Bahnhof zog Theater, Varietés, Bordelle und sonstige Vergnügungsstätten an, ein negatives Image, von dem der Stadtteil heute noch zehrt und lebt.

Kunst am Bau und in einer alten Maschinenfabrik

Los geht's an der Rückseite des Hauptbahnhofs Richtung Kirchenallee, vorbei am **Deutschen Schauspielhaus** 1 (► S. 109). Links über den Spadenteich gelangt man zur **Dreieinigkeitskirche** 2, auch St. Georg-Kirche genannt, die am St. Georgs Kirchhof liegt. Die Kirche wurde 1627 als Hospitalkapelle errichtet und später zur Pfarrkirche für die Bewohner, die außerhalb der Stadtwälle wohnten. Der spätere Neubau aus dem 18. Jh. brannte im Zweiten Weltkrieg aus und wurde in den 1950er-Jahren neu erbaut, nur der Turm entstand wieder im spätbarocken Stil. Ganz oben auf der Turmspitze sieht man die Figur des heiligen St. Georg, die wir im Viertel noch häufiger antreffen. Vor der Kirche sieht man ein Kreuz aus Pflastersteinen, es soll an die Aids-Opfer erinnern, Idee und Entwurf stammen von Tom Fecht. Auf dem Platz am Spadenteich sieht man eine Skulptur aus 24 rostenden Schiffswrackblechen. Das Denkmal von Horst Hellinger steht hier seit 1986 und ist seitdem auch höchst umstritten; viele fordern sein Entfernen, einige sehen darin Kunst am Bau und symbolhaft den Niedergang der Werftindustrie.

Weiter geht es der **Koppel** 3 entlang bis zur Hausnummer 66. Hier in einer ehemaligen Maschinenfabrik aus den 1920er-Jahren ist seit 30 Jahren das Haus für Kunst und Kunsthandwerk untergebracht. Zwölf Werkstätten und Ateliers befinden sich in dem Gebäude, interessierte Besucher sind willkommen und können sich in den Räumlichkeiten umschauen. Nach einem Rundgang lädt das rein vegetarische **Café Koppel** im Haus (www.cafekoppel.de, Mo, Mi–Fr 10–23, Sa/So ab 12 Uhr, Di geschl.) zu einer Pause mit dem hausgebackenen Schoko-Klassiker »Traum der fliegenden Krokodile« ein. In den Sommermonaten kann man in dem kleinen Garten verweilen, bevor es gestärkt durch die Passage zur Langen Reihe geht.

Wo einst der blonde Hans aufwuchs

Die Lange Reihe verdankt ihren Namen dem Umstand, dass bei der Erschließung im Jahr 1682 nur

Im Deutschen Schauspielhaus wird viel geboten, von Klassik bis zur Avantgarde.

► INFOS & LESESTOFF

Alljährlich findet ein buntes **Stadtfest in St. Georg** statt, bei dem sich die Szene selber feiert. Mehr Infos und auch noch viel zur Geschichte des Stadtteils unter www.stadtfest-stgeorg.de.

eine Straßenseite bebaut wurde. Hier begann die Bebauung des Stadtteils, Anfang des 18. Jh. war es die erste vollständig bebaute Straße. Heute zählt die Lange Reihe mit den vielen kleinen Geschäften, Cafés und Restaurants zu den gefragten Adressen im Viertel. Quadratmeterpreise von 12 Euro für Wohnungen sind vollkommen normal, die Eigentumswohnungen hier gehören zu den teuersten in der Stadt. Die Straße ist ein typisches Beispiel für die Gentrifizierung eines Stadtviertels, früher gab es hier Läden mit Angeboten für den täglichen Bedarf, die Nachbarn waren oft Asylbewerber oder südeuropäische Einwanderer, heute fließt auf den gepflegten Dachterrassen Prosecco in Strömen, das Angebot in den Läden ist auf den teuren Geschmack seiner Klientel ausgerichtet.

Im St.-Georg-Viertel ist immer was los: Hier startet ein Hot-Rod-Konvoy in der Langen Reihe zu einer Tour quer durch die ganze Stadt.

In der Straße startet jedes Jahr an einem Aprilwochenende die Saison der Straßenfeste in Hamburg mit der »Bunten Langen Reihe«, auch der schrille Umzug durch Hamburg am Christopher Street Day beginnt hier.

Rechts die Straße runter, im **Wohnhaus mit der Nummer 71** 4 wurde 1891 Hamburgs berühmter Sohn Hans Albers geboren, die Gedenktafel weist auf den bekannten Volksschauspieler hin. Der blonde Hans war das jüngste von sechs Kindern, hier im Viertel fuhr er Wäsche aus, bevor er zum Theater kam. Nach Engagements an Provinztheatern spielte er im Jahr 1913 mit Bravour auf mehreren Bühnen seiner Heimatstadt, in den 1930er-Jahren folgte eine Serie von Filmkassenschlagern bei der UFA, insgesamt hat der erfolgreiche Schauspieler in 176 Filmen mitgespielt.

Deutschlands jüngstes Bistum

Links über die Straße geht es in die Danziger Straße, hier erwartet den Besucher der doppeltürmige **Mariendom** 5. Der sakrale Bau wurde in den Jahren 1890–93 gebaut und war der erste Neubau einer katholischen Kirche in der Hansestadt nach der Reformation. Seit der Gründung des Erzbistums Hamburg im Jahr 1995 ist der Dom der Mittelpunkt des flächenmäßig größten und jüngsten Bistums in Deutschland. Die Straße geht weiter bis zur Rostocker Straße, rechts nach etwa 200 Metern trifft man auf den **Hansa-**

platz 6 mit dem Hansabrunnen. Dort befindet sich das Zentrum von St. Georg. Der Brunnen von 1878 zeigt neben vier historischen Persönlichkeiten auch die Wappen der Hansestädte Bremen, Hamburg, Lübeck und des Deutschen Reichs, über dem Ganzen wacht eine weibliche Figur als Personifikation der Hanse. Die Straßen um den Brunnen herum sind denn folgerichtig auch alle nach Hansestädten benannt. Wieder zurück zum Bahnhof geht es dann über die Bremer Reihe.

INFOS/ÖFFNUNGSZEITEN

St. Marien-Dom Hamburg 5
Danziger Str. 52a, www.mariendomhamburg.de, Besichtigung tgl. 9–19 Uhr (außerhalb der Gottesdienste), kostenlose Führungen unter T 040 28 49 90 70

KULINARISCHES FÜR ZWISCHENDRIN

In der Gegend um die Lange Reihe findet man ein Lokal neben dem anderen. Hier ein paar Klassiker: **Frau Möller** 1: Hier kann man gemütlich ein Bier trinken, immer gut besucht (Lange Reihe 96, www.fraumoeller.com, tgl. 8–4 Uhr, €).
Das Dorf 2: Unten im Gewölbe aus dem Jahr 1848 geht es optisch rustikal zu, hier scheint die Zeit stehen geblieben zu sein (Lange Reihe 39, www.restaurant-dorf.de, tgl. ab 18 Uhr, €–€€). Vielen gilt das Restaurant als die heimliche Kantine des um die Ecke gelegenen Schauspielhauses.
Kult ist das **Café Gnosa** 3 mit eigener Konditorei (Lange Reihe 93, Facebook: CafeGnosa, tgl. 10–23 Uhr, €).

Cityplan: H/J 6 | **U/S-Bahn** Hauptbahnhof

13

Alles ganz schön – **Eppendorf**

Dieser Stadtteil begeistert durch urbane Lebensqualität. Großzügige Altbauwohnungen mit Jugendstilflair, angesagte Modeläden und gute Gastronomie stehen für Eppendorf. Alles gut und schön auf einem gehobenen Preisniveau. Absolut sehenswert ist der zweimal in der Woche stattfindende Isemarkt, für viele der schönste in Hamburg.

Es lohnt sich, die U-Bahn-Station Klosterstern aufzusuchen. Die kürzlich restaurierte unterirdische Haltestelle ist ein gutes Architekturbeispiel der 1920er-Jahre und für mich die schönste Station der Stadt. Am Klosterstern findet man ›Der neue Beckmann‹, ein Trendsetter in Sachen modernes Möbeldesign, seit über 50 Jahren gibt es hier Klassiker aus Italien und Skandinavien zu kaufen. Eames, Jacobsen, Panton, Rams und Sottsass konnte man häufig hier zuerst sehen. Schräg gegenüber kauft man bei ›Conrad Hasselbach‹ eher traditionell ein, Schuhe und Kleidung, meistens made in Britain. Weiter geht es entlang dem Eppendorfer Baum, der eigentlich noch in Harvestehude liegt, Eppendorf beginnt erst ein paar Hundert Meter weiter. Die Straße mit ihren hohen Gründerzeithäusern besitzt exquisite Einkaufsmöglichkeiten.

Wer Glück hat, entdeckt auf dem Isemarkt auch schon mal den einen oder anderen Promi. Ein Rundgang auf Hamburgs schönstem Wochenmarkt lohnt sich immer!

Außerhalb der City gibt es hier und entlang der Eppendorfer Landstraße die anspruchsvollsten und besten Läden der Stadt. Die Umgebung hat großstädtisches Flair, wie man es aus Paris kennt oder aus Berlin kannte. Auch ein gutes Stück Urbanität vermittelt das Hochbahnviadukt direkt vor uns.

Ein kleines Kaufhaus mit viel Liebe zum Detail: Das vor über 30 Jahren gegründete ›Kaufrausch‹ lädt mit seinen außergewöhnlichen Produkten in Sachen Mode, Accessoires und Wohnen zum Stöbern und Entdecken ein.

Schöner einkaufen auf dem Isemarkt

Unterhalb der U-Bahn-Brücke, zwischen den Haltestellen Eppendorfer Baum und Hoheluftbrücke, findet dienstags und freitags von 8.30 bis 14 Uhr Hamburgs schönster Wochenmarkt statt: der **Isemarkt** 1 mit seinem ganz besonderen Flair. Regensicher unter der Hochbahntrasse ist der knapp 800 Meter lange Markt auch Hamburgs vielseitigster. An etwa 180 Ständen werden Blumen, Früchte, Käse, Wurstwaren, Meeresspezialitäten, Bürsten und vieles mehr in bester Qualität angeboten. Ein Muss ist der Stand der ›Zuckerbäckerei Pingel‹, wo nicht nur zu Weihnachten dichter Andrang herrscht. Beliebt sind auch die vielen Stehimbisse, an denen man einen Café Latte nebst Gebäck, eine Tom-Kha-Gai-Suppe (die thailändische Variante der Hühnersuppe) oder eine Currywurst mit Pommes und Schranke (rot-weiß mit Ketchup und Mayo) zu sich nehmen kann. Das hat schon südländische Atmosphäre und auch der Promifaktor ist nicht zu unterschätzen, viele bekannte TV-Gesichter kaufen hier gerne ein.

Falkenried-Quartier

Wer das bunte Treiben auf etwa halber Strecke verlässt, kann rechts in die Klosterallee Richtung Falkenried gehen. Links sieht man das neue Stadtquartier **Falkenried** 1 zwischen dem Straßenbahnring und der Hoheluftchaussee. Ein ganzes Viertel mit Wohnungen und Büro- und Geschäftshäusern ist in den letzten Jahren auf einem alten Industrieareal entstanden, wo früher die Fahrzeugwerke Falkenried und ein Betriebsbahnhof untergebracht waren. In dem alten Wärterhäuschen aus rotem Ziegelstein bietet heute die **Marsbar** 1 kleine Speisen und Getränke an.

Auf der Straßenseite rechts sieht man die **Falkenried-Terrassen** 2, eine Wohnanlage, erbaut für die Arbeiter des ehemaligen Gewerbegebiets. Die Terrassenhäuser sind in der Hansestadt üblich und charakteristisch für die Zeit um 1900 gewesen, als es galt, günstige Kleinstwohnungen bereitzustellen.

Wer genau hinsieht, kann viel entdecken: kleine Hingucker in Burgs Kaffeerösterei.

Eppendorfer Dolce Vita

Weiter geht es zum Eppendorfer Weg, der sich mehrere Kilometer lang mit dichtem Baumbestand, kleinen Läden und attraktiven Altbauwohnungen bis ins benachbarte Eimsbüttel zieht. Rechts folgen wir dem Weg Richtung Eppendorfer Landstraße. In **Burg's Tee- und Kaffeeladen** 2 macht man eine Reise in die vergangene Zeit der Kolonialwarenläden, Kaffee wird hier mehrmals in der Woche frisch geröstet. Inhaber Jens Burg betreibt auch ein Kaffeemuseum am St. Annen-Ufer im Hafenviertel, in dem alles rund um den Kaffee erklärt wird (▶ S. 32). Gegenüber dem nostalgischen Laden findet bei **Glassgo** 3 Gegenwart und Heute statt, aktuellste Brillenmode bekommt man garantiert hier zu sehen. Weiter auf der gleichen Seite über die Löwenstraße hinweg. Die Außenterrasse des **Eiscafés Dante** 2 ist immer gut besucht, das Eis ist einfach zu lecker. Gleich nebenan ist die beliebte **La Bottega Lentini** 3: Weniger das Essen als das Sehen und Gesehenwerden machen den Reiz dieses Lokals aus. Weiter links sieht man das **Café & Bar Celona** 4, im Sommer lädt die Terrasse zum Verweilen ein.

Kurbetrieb in Eppendorf

Schräg links geht es in die Eppendorfer Landstraße, wo es sich großzügig wohnen lässt. Der

Hier wohnt man gerne und lässt sich das auch etwas kosten: Jugendstilhäuser in Eppendorf.

KULINARISCHES FÜR ZWISCHENDRIN

Marsbar ❶: Straßenbahnring 2, www.marsbar.de, Mo–Fr 12–24, Sa 10–1 Uhr, So geschl., €€
Eiscafé Dante ❷: Eppendorfer Weg 269, T 040 47 78 10, tgl. 11–19 Uhr
La Bottega Lentini ❸: Eppendorfer Weg 267, T 040 46 96 02 63, www.labottegalentini.de, Di–So 12.30–23.30 Uhr, €€
Café & Bar Celona ❹: Lenhartzstr. 1–5, T 040 20 20 14 58, www.celona.de, tgl. 9–24 Uhr, €
Die Latte-Macchiato-Fraktion trifft sich gerne nach einen Isemarktbummel im direkt am Isebekkanal gelegenen **Little Amsterdam** ❺ (Klosterallee 69, tgl. 14–22 Uhr, €). Idyllisch in der Klosterhof-Passage gelegen (im Sommer eine Oase der Ruhe nur wenige Schritte von der Eppendorfer Landstraße), bietet das **Ristorante Pizzeria Mario** ❻ (Robert-Koch-Str. 36, www.ristorante-eppendorf.de, tgl. 11–23 Uhr, €) italienische Küchenklassiker, serviert von freundlichem Personal.

Cityplan: F/G 1–3 | **U-Bahn** U 3 Eppendorfer Baum, Hoheluftbrücke, U 1 Klosterstern

mächtige Klinkerbau des Postamts (Nr. 47–51) wurde 1929–30 errichtet, genau auf der anderen Straßenseite erinnert ein kleines Denkmal aus Sandstein an Georg Andreas Knauer. Ganz in der Nähe befand sich der Kurbetrieb **Beim Andreasbrunnen** 3 mit Mineralwasser aus eigenem Grund und Boden. Knauer hatte 1824 ein Gesellschaftshaus und eine Brunnenanlage mit elf Heilwässern zur Geschäftsidee gemacht. Der Kurbetrieb bestand bis 1850 und wurde 1906 abgerissen. 1910 wurde der Andreasbrunnen als Privatstraße mit mehrgeschossigen Wohnhäusern im Jugendstil bebaut.

UM DIE ECKE

In dem Kneipenklassiker **Schramme 10** 1 gibt es frischgezapftes Bier, kleine Gerichte und kostenlose Erdnüsse (Schrammsweg 10, www.schramme10.com, Mo–Do 16–2, Fr 16–4, Sa 12–4, So 12–2 Uhr).

► INFOS & LESESTOFF

Mein (Leben in) Eppendorf: Im Internet entsteht eine ganze Chronik über das älteste Dorf Hamburgs. Wer interessiert ist, sollte mal nachschauen: https://meineppendorf.wordpress.com.

14

Leben und leben lassen – **Ottensen**

Lebendig und ein wenig alternativ, ist Ottensen einer der beliebtesten Stadtteile bei jungen Leuten. Viel Szene-Restaurants, kleine Cafés und Läden, begrünte Hinterhöfe mit Lofts – die Mischung stimmt.

Zwar ist auch Ottensen in den letzten Jahren deutlich schicker und bei den Mieten sehr viel teurer geworden, doch hat sich das Viertel noch viel von seiner Ursprünglichkeit bewahrt.

Gestartet wird am Bahnhof Altona. Wir spazieren die Ottenser Hauptstraße entlang vorbei am **Mercado** 1. Das Einkaufszentrum hatte während seiner Entstehungszeit Mitte der 1990er-Jahre für Schlagzeilen gesorgt. Seit 1663 war hier ein jüdischer Friedhof gewesen, die Bauarbeiten konnten nur unter rabbinischer Beaufsichtigung erfolgen. Weiter geht's auf der Haupteinkaufsstraße. Bei **Borboletta** 2 (Nr. 37) kommen große und kleine Mädchen ins Schwärmen. Aus aller Welt hat die Inhaberin Schmuck,

Die typische »Ottenser Mischung« zeigt sich auch in der Hauptstraße.

Taschen und Wohnaccessoires zusammengetragen.

Zurück zum Spritzenplatz, jetzt geht es rechts in die Große Rainstraße. Dort gibt's das **Café Knuth** ❶ (Nr. 21), das nicht nur am Wochenende ein beliebter Ort für ein leckeres Frühstück ist, auch abends kann man schön rauchfrei ein Bierchen trinken und Toast essen.

In der Bahrenfelder Straße 130 stehen wir vor dem **Oxfam Fashionshop** 3. Das britische Unternehmen bietet Sachspenden günstig an. Die Filiale in Ottensen ist spezialisiert auf Kleidung, Accessoires und Schmuck. An der Ecke zur Völckersstraße (Nr. 237) befindet sich **Torrefaktum** 4, die sozial und ökologisch »integrative Kafferösterei«. Weiter links in die Völckersstraße: Rechts liegt das Gebäude vom Carlsen Verlag, Harry Potter sowie Tim und Struppi werden hier verlegt. Wieder geht es nach links in die Borselstraße. Der Concept Store **The Box** 5 (Nr. 16f) befindet sich in einer denkmalgeschützten Fabrikhalle. Neben einem Café laden feine Küchenutensilien, schön gestaltete Bücher, ausgesuchte Möbelklassiker sowie eine Galerie zum Verweilen ein. Jetzt geht es in die Friedensallee.

Der **Bonscheladen** 6 (Nr. 12) bietet handgemachte Bonbons. Schöne Muster und klare Farben haben alle, da fällt die Wahl schwer. Di–Fr um 16.15 Uhr und Sa um 14.30 Uhr finden Schauproduktionen statt. Die kostenlose Vorführung dauert ca. eine Stunde.

Schräg gegenüber liegen die **Zeisehallen** 2, eine ehemalige Schraubenfabrik, in der 1869 die erste Schiffsschraube gegossen wurde. Heute findet man in dem Gebäude Restaurants und das **Zeise-Kino**, in dem keine Blockbuster, sondern nur anspruchsvolle und intelligente Unterhaltung auf dem Spielplan stehen. In der **Filmhauskneipe** herrscht abends eine schöne Atmosphäre und im Sommer lockt die tolle große Terrasse – hier ist es nie langweilig. Über die Bahrenfelder Straße und den Spritzenplatz geht es zurück zum Bahnhof.

INFOS/ÖFFNUNGSZEITEN

Zeise-Kino: Friedensallee 7–9, T 040 390 87 70, www.zeise.de

KULINARISCHES FÜR ZWISCHENDRIN

Rund um die Zeisehallen 2: In der **Filmhauskneipe** (Friedensallee 7, www.filmhauskneipe.de, tgl. 12–1 Uhr, €) gibt es deftige bis raffinierte deutsche Küche.

Das **Eisenstein** (Friedensallee 9, www.restaurant-eisenstein.de, tgl. 12–22 Uhr, €), ist ebenfalls für seine Pizza aus dem Holzbackofen berühmt. Das **Familieneck** (Friedensallee 2–4, www.familieneck.de, tgl. 16–6, So nur bis 24 Uhr) verdient den Titel Kneipe. Sobald es draußen warm wird, stehen die Couchtische auf dem Bürgersteig (Fatih Akin taucht dort ab und an als alter Ottenser auf).

Entlang der **Ottenser Hauptstraße** 3: Das **Mar y Sol** (Nr. 36, Mo–Sa 8–22, So 10–22 Uhr, €) ist tagsüber Cafeteria, abends verwandelt es sich in eine Tapas-Bar. Im **Paola** (Nr. 59) gibt es italienische Lebensmittel und Opern als musikalischen Hintergrund! Fabelhafte Antipasti, gut schmeckende Weine, Käse, frische Früchte, toll belegte Brote, schöne Blumen … und sehr hübsch ist der Laden außerdem auch noch. Ungewöhnlich ist das **Laundrette** (Ottenser Hauptstr. 56, www.laundrette.de, Di–So 10–23 Uhr): Café, Bar und ›wunderbarer Waschsalon‹ in einem.

Cityplan: C 6/7 | **S-Bahn** Altona

Schiffe gucken – **Övelgönne**

15

Romantische alte Fischerhäuser säumen den Weg in Richtung Museumshafen. Ein Feuerschiff und historische Segelschiffe laden zum Besuch ein. An milden Sommerabenden gibt es nichts Besseres, als genau hier an der Elbe Schiffe vorbeifahren zu sehen und sich vor der Strandperle eine kühle Erfrischung zu gönnen. Hamburg pur!

Los geht's von der Endstation der Buslinie 112, Richtung stadtauswärts. Hier beginnt rund um den Fähranleger Neumühlen das malerische Övelgönne. Die Elbe ganz nah, das Meer kann man schon fast riechen, da bietet sich zur maritimen

Pötte bestaunen am Övelgönner Strand: Hier begeistert die Queen Mary 2.

Beliebtes Sonntagsausflugsziel: die Övelgönner Lotsen- und Kapitänshäuser

Einstimmung ein Besuch im **Övelgönner Museumshafen** 1 an. Mehr als ein Dutzend maschinenbetriebene Oldtimer wie Kutter, Schlepper, Dienstfahrzeuge für Polizei sowie Zoll und neun Segelschiffe liegen hier vor Ort. Die Attraktion im Hafen ist Deutschlands wohl ältestes Feuerschiff, Elbe 3, das bereits 1888 als Leuchtschiff Weser in Dienst gestellt wurde. Auch Kräne und Hebefahrzeuge sind als Zeugen alter Hafenumschlagstechnik zu sehen.

Schick wohnen am Fluss

Wenige Meter weiter beginnt die »wunderlich verwürfelte Häuserzeile mit dörflichem Kleinleuteklassizismus«, wie der Autor Peter Rühmkorf, lange ein berühmter Bewohner dieser Idylle, den Charme Övelgönnes beschrieb. Wer sich hinter der Lüftungsanlage des Neuen Elbtunnels nicht zum Elbstrand wendet, sondern dem Spazierweg weiter folgt, der sieht die gepflegten Minigärten – in denen Rosen und Lavendel blühen – der kleinen **Övelgönner Häuschen** 2, in denen früher Fischer und Lotsen wohnten. Der Blick in die fremde

INFOS/ÖFFNUNGSZEITEN

Museumshafen Övelgönne: Ponton Neumühlen, T 040 41 91 27 61, www.museumshafen-oevelgoenne.de. Für interessierte Gruppen ab zehn Personen werden Führungen durch den Museumshafen angeboten: Dauer etwa 75 Minuten, 3 €/Person (Termine sollten zwei Wochen vor dem Besuch vereinbart werden unter fuehrungen@museumshafen-oevelgoenne.de).

KULINARISCHES FÜR ZWISCHENDRIN

In der **Strandperle** 1 (Am Schulberg 2, www.strandperle-hamburg.de, im Frühjahr/Sommer Mo–Fr 10–22, Sa/So 9–22 Uhr, Getränke ab 4 €, Currywurst mit Röstkartoffeln und Salat um 10 €) verbringt scheinbar ganz Hamburg den Sommer, es ist aber auch einer der schönsten Plätze der Stadt. Traditionelle Kost kommt im **Alten Lotsenhaus** 2 auf den Tisch (Övelgönne 13, www.zum-alten-lotsenhaus.de, Mo–Do ab 18, Fr–So ab 13 Uhr, €€).

Cityplan: A/B 7 | **Bus** 112 ab **U-Bahn** St. Pauli oder U/**S-Bahn** Landungsbrücken bis Endstation Neumühlen/Övelgönne

Im Sand vor der Strandperle fühlt man sich schnell wie im Urlaub.

Stube reizt häufig mehr als der Ausblick auf die vorbeifahrenden Schiffe im Elbstrom. Nicht selten ist daher an den Fensterscheiben ein Schild angebracht, auf dem zu lesen steht: »Achtung! Die Elbe liegt auf der anderen Seite.« Kein Wunder, denn sonntags ist hier halb Hamburg unterwegs (die andere Hälfte spaziert um die Alster herum). Übrigens sind die ältesten Häuser die in den Hausnummern 72–75, sie entstanden um 1730.

Elbstrand und dicke Pötte

Övelgönne ist autofrei, keine Straße führt hierher, nur über Treppen oder den Schulberg geht es hinab zum Elbstrand. Wenn das Wetter mitspielt, kann man es sich hier richtig gut gehen lassen. Zum Wohlbefinden trägt ganz erheblich das bekannteste Büdchen Hamburgs bei, die **Strandperle** 1 – Kult und die Mutter aller neuentstandenen Beachclubs entlang der Elbe. Was macht den Kiosk eigenlich so erfolgreich? Ganz einfach, das Geheimnis ist der Standort direkt hier am Elbstrand. Die Gerichte sind volksnah und bodenständig und der neue Pächter bietet weiterhin Würstchen und Bier an. Erweitert wurde die Karte nach 35 Jahren um mediterrane Grundnahrungsmittel wie Latte macchiato und Weißwein. Mehr braucht der Mensch sowieso nicht zum Leben. Vielleicht ist die Strandperle auch das typischste aller Hamburger Lokale: Man sitzt im hellen Sand, während eine leichte Brise weht, und hat ein kühles Bier in der Hand. Die dicken Pötte fahren ganz nah vorüber – da kommt schnell Fernweh und Vorfreude auf den nächsten Urlaub auf.

Ü ÜBRIGENS

50 Gäste der **Strandperle** hatten wirklich Pech, als sie vor ein paar Jahren auf einmal hüfthoch im Wasser standen. Wegen erhöhter Geschwindigkeit verursachte das Schiff »Grande America« eine derart große Bugwelle, dass auch die Küche der Strandperle unter Wasser stand und der Strom nach einem Kurzschluss ausfiel. Solche Schäden kommen in diesem Ausmaß allerdings ziemlich selten vor.

EINTRITTSKARTEN *in eine andere Welt …*

Neben dem Maritimen Museum (► S. 37) *gibt es in Hamburg zahlreiche andere Museen, hier meine persönlichen Favoriten:*

UND JETZT ENTSCHEIDEN SIE!

Altonaer Museum
Mo, Mi–Fr 10–17,
Sa/So 10–18 Uhr
8,50/5 €

Exponate zur Volkskunde und zum bäuerlichen Leben in Norddeutschland, Nachbildungen historischer Schiffsmodelle und Originale von Galionsfiguren. Sehenswert ist auch die große Spielzeugsammlung.

○ JA ○ NEIN

🕮 C 7, www.altonaermuseum.de

Archäologisches Museum Hamburg/ Helmsmuseum
Di–So 10–17 Uhr
6/4 €

Eine Zeitreise in die Vor- und Frühgeschichte Norddeutschlands. Das Museum selbst ist auch schon über 100 Jahre alt und besitzt eine der bedeutendsten archäologischen Sammlungen der Republik.

○ JA ○ NEIN

🕮 südl. K 8, http://amh.de

Bucerius Kunst Forum
tgl. 12–18 Uhr
9 €, Familienermäßigung 6 €

Nahe dem Hamburger Rathaus zeigt das Forum in wechselnden Ausstellungen Werke aus der bildenden Kunst von der Antike bis zur Moderne. Auch öffentliche Symposien und kulturelle Veranstaltungen.

○ JA ○ NEIN

🕮 Karte 2, G 3, www.buceriuskunstforum.de

Deichtorhallen
Di– So 11–18 Uhr
Kombiticket für alle Hallen
13 €

Bis 1983 war in diesen beiden Hallen der Hamburger Blumengroßmarkt untergebracht, seit 1989 finden hier große und überregional bedeutende Ausstellungen statt. Viel Kunst der Moderne und Fotografie.

○ JA ○ NEIN

🕮 Karte 2, J 4, www.deichtorhallen.de

Hamburger Kunsthalle und Galerie der Gegenwart

Di–So 10–18, Do bis 21 Uhr

14/8 €, Familien mit Kindern unter 18 J. 18 €

JA NEIN

Malerei und Plastik vom Mittelalter bis heute. Größte Munch-Bilderschau außerhalb Norwegens. Klassische Moderne des 20. Jh. Avantgarde ab 1960 in der Galerie der Gegenwart.

Karte 2, H/J 2, www.hamburger-kunsthalle.de

Museum am Rothenbaum

Di–So 10–18, Do bis 21 Uhr

8,50/4,50 €

JA NEIN

Rund 300 000 Objekte und ebenso viele historische ethnografische Fotografien aus Altägypten, Afrika, Amerika, Indonesien, Asien und der Südsee, wie z. B. die Südseemasken und das Maori-Versammlungshaus.

G 4, www.markk-hamburg.de

Museum der Arbeit

Mo 10–21, Mi–Fr 10–17, Sa/So 10–18 Uhr

8,50/5 €

JA NEIN

In den alten Gebäuden der Hamburg-New Yorker Gummiwaren-Fabrik. Lehrreiches über ausgestorbene Berufszweige und Arbeitsweisen. Einige der alten Maschinen können von den Besucher betätigt werden.

östl. K 2, www.museum-der-arbeit.de

Museum für Hamburgische Geschichte

Mo, Mi–Fr 10–17 (Do bis 21), Sa/So 10–18 Uhr

9,50/6 €

JA NEIN

Lebendige Stadtgeschichte von den Anfängen bis zur Gegenwart. Maritime Themen wie Hafen, Schifffahrt und Piraterie sowie Themen zur Alltagsgeschichte. Sehr beliebt ist die riesige Modelleisenbahn-Anlage.

Karte 2, D 3, www.hamburgmuseum.de

Museum für Kunst und Gewerbe

Di–So 10–18, Do bis 21 Uhr

12/8 €

JA NEIN

Der 1877 eröffnete Bau beherbergt die umfangreichste Jugendstilsammlung Deutschlands. Mittelpunkt ist das ›Pariser Zimmer‹. Angewandte Kunst von der Antike bis zur jüngsten Gegenwart von hoher Qualität.

H 6, www.mkg-hamburg.de

Hamburger Museumslandschaft

Ob klassisches Museum, Kunstsammlung oder Kurioses – Hamburgs Museumslandschaft ist enorm vielfältig und abwechslungsreich. Neben den acht staatlichen Museen gibt es noch gut 50 weitere, die Gedenkstätten mitgerechnet. Die **Kunstmeile Hamburg** ist ein Zusammenschluss von fünf Kunstinstitutionen. In unmittelbarer Nähe des Hauptbahnhofs erstrecken sich zwischen Rathaus, Glockengießerwall, Klosterwall und Steintorplatz Museen für Kunstbegeisterte. Das **Bucerius Kunst Forum** (► S. 78), die **Deichtorhallen** (► S. 78), die **Kunsthalle** (► S. 79) und das **Museum für Kunst und Gewerbe** (► S. 79) laden nahe der Alster und in fußläufiger Entfernung zum Entdecken auf der Kunstmeile ein. Historische und zeitgenössische Kunst quer durch alle Medien werden hier in den Häusern präsentiert wie Malerei, Skulptur, Kunsthandwerk, Fotografie und modernes Design.

TIPPS FÜR DEN BESUCH DER HAMBURGER MUSEEN

Hamburg CARD: Viele Museen bieten Eintrittsermäßigungen bis zu 50 % an. Die Karte gibt es ab 10,90 €.
Der **Kunstmeilenpass** (5 Museen, ein Preis) ist ab 36 € erhältlich, ermäßigt mit der Hamburg CARD 28,50 €, Studenten und Auszubildende bis 27 Jahre, Wehr- und Zivildienstleistende, Schwerbehinderte, Arbeitslose, Sozialhilfeempfänger zahlen 22,00 €. Wie in fast allen Hamburger Museen gilt auch hier freier Eintritt für Kinder und Jugendliche bis 18 Jahre.
Infos zu den Museen sowie über aktuelle Sonderausstellungen: Die vierteljährlich erscheinende Beilage des »Hamburger Abendblatts« liegt kostenlos in den Touristeninformationen aus. Über aktuelle Ausstellungen oder Sonderveranstaltungen berichten ebenfalls alle Hamburger Tageszeitungen.
Infos im Web: unter www.hamburg-tourism.de

Angsteinflößend oder schön anzusehen? Auf jeden Fall einen Blick wert: Masken im Medizingeschichtlichen Museum des Uni-Klinikums Hamburg-Eppendorf

Lockruf nach Amerika

Migration und Auswanderung – heute wieder aktuell – haben in Hamburg schon immer eine große Rolle gespielt. Von Mitte des 19. Jh. bis 1934 gingen rund fünf Mio. Menschen an Bord der Auswandererschiffe mit dem Ziel Amerika. Hamburg, das Tor zur Welt.

Massenemigration erleben

BallinStadt Auswanderermuseum 🕮 südöstl. K 8

Hier wird die Massenemigration erlebbar: Das Auswanderermuseum BallinStadt beleuchtet die Aspekte dieser Massenemigration: die Reisebedingungen während der Atlantiküberquerung, die Situation in den Auswandererhallen, die unterschiedlichen Beweggründe der Reisenden und Einzelschicksale. Im Forschungszentrum wird auf Wunsch nachgeprüft, ob einer der eigenen Vorfahren dazu gehörte.
Benannt ist das Museum nach Albert Ballin (1857–1918), dem erfolgreichsten Reeder seiner Zeit. Seit 1886 war die HAPAG (Hamburg-Amerikanische Packetfahrt Actien-Gesellschaft) unter Ballin zur weltgrößten Reederei aufgestiegen. Vorbildliches leistete Ballin mit dem Bau der Auswandererhallen in Hamburg-Veddel. Neben der sauberen Unterbringung wurde auch die ärztliche Versorgung gewährleistet.

Veddeler Bogen 2, www.Ballinstadt.de, S-Bahn Veddel, Mi–So 10–16.30 Uhr, Mo/Di geschl., 13 €, Kinder bis 12 Jahre 7 €, Familien 28 €

Klassizismus statt Kontor

HAPAG Verwaltungsgebäude

🕮 Karte 2, H 3

Im ehemaligen Verwaltungsgebäude der Hamburg-Amerika-Linie (HAPAG) hat heute die Hapag-Lloyd AG ihren Sitz. Die Gesellschaft entstand 1970 durch eine Fusion der beiden traditionsreichen Reedereien in Hamburg (HAPAG) und Norddeutscher Lloyd (NDL) in Bremen. Das Gebäude (1901–03 im Kern von Helmut Haller errichtet) dominiert städtebaulich den Ballindamm, die breite Fassade zur Binnenalster hin erinnert mit der Tempelfront in der Mitte eher an eine klassizistische Architektursprache denn an die für diese Zeit in Hamburg typischen Kontorhäuser.

Ballindamm 25, U/S-Bahn Jungfernstieg, keine Besichtigung möglich

Gedenken an Millionen

Auswanderer-Denkmal 🕮 C 7

Etwas versteckt liegt das Auswanderer-Denkmal in der Nähe des Altonaer Balkons. Die kroatische Künstlerin Ljubici Malulec hat die Figur geschaffen, die an die Millionen Auswanderer erinnert, die über den Hamburger Hafen in die USA emigriert sind, unter ihnen viele Kroaten. Das erste, ursprünglich hölzerne Denkmal wurde 1989 zum 800. Hafengeburtstag eingeweiht.
Es verwitterte schnell, zehn Jahre später fiel das morsch gewordene Kunstwerk um. Das Nachfolgemodell wurde mit Bronze überzogen und steht seit 2008 an dieser Stelle.

Kaistraße/Elbberg, www.denkmalhamburg.de, Bus 112, Elbberg

N
NOCH WAS

Amtlich dokumentiert ist der einmillionste Auswanderer nach Amerika. Der Hutmacher Selig Ackermann aus Russland trat am 19. September 1902 über Hamburg die Reise nach New York an.

Hamburg gediegen und dörflich

Das schönste Dorf an der Elbe – so sehen die Blankeneser ihren Stadtteil – erreicht man von der City aus am besten über die Elbchaussee. Eine der berühmtesten und wohl auch teuersten Straßen Deutschlands verläuft zwischen Ottensen und Blankenese.

Unbezahlbar

Entlang der Elbchaussee Karte 3

»Eine der schönsten Ansichten der Welt«, so befand sogar der französische Autor Stendhal, der sonst mit Lob eher sparsam umging. Immer wieder waren und sind Besucher von der neun Kilometer langen Hamburger Prachtstraße fasziniert. Kein Wunder: Entlang der Elbchaussee reihen sich zahllose Privatvillen und wunderschöne Grünanlagen wie Perlen an der Schnur. Wer es sich leisten kann hier zu wohnen, bevorzugt die richtige Seite, nämlich die mit direktem Wasserblick (ungerade Hausnummern). Der feine Hamburger unterscheidet hier gerne in »Butter- und Margarinenseite«. Entlang der Straße ergeben sich zwischendurch immer wieder traumhafte Ausblicke auf die Elbe und die gegenüberliegenden Hafenanlagen. Blankenese stand seit 1640 unter dänischer Herrschaft, seit 1867 gehörte es zur preußischen Provinz Schleswig-Holstein. Erst 1937/38 wurde es im Rahmen der Neuordnung in Groß-Hamburg zwangseingemeindet. Noch heute sind die Einwohner stolz auf ihr ›Dorf‹ und es ist üblich, von der Stadt oder von der Innenstadt zu sprechen, wenn man Hamburg meint. Erinnert ein wenig an Asterix und seine Freunde. Der Stadtteil besteht aus einer Hang- und Strandsiedlung. Die einfachen Fachwerkhäuser mit Reetdach zeugen noch heute davon, dass Blankenese ursprünglich ein Fischerdorf war. Zur Wasserseite oberhalb des Strandwegs am Hanggebiet befindet sich das Treppenviertel mit seinen kleinen Gässchen und verwinkelten Treppen. Klein Italien, von der Elbe aus betrachtet. Hier im alten Dorfkern ist es stellenweise so steil und kurvig, dass aufgrund der engen Fahrwege nur Minibusse verkehren können, die im Volksmund gerne als ›Bergziegen‹ bezeichnet werden. Weiter oben, auf dem Süllberg, kann man in den kleinen Cafes oder Restaurants verweilen.

Ü
ÜBRIGENS

Kreek fahren

Im Winter ist es so weit: Auf der hoffentlich dann schneebedeckten Schinckels Wiese findet das weltweit einmalige Kreek-Rüschen statt. Ein Kreek war ursprünglich ein Kohleschlitten, heute umfunktioniert zu einem Freizeitspaß. Hügelabwärts geht es dann mit bis zu 80 km/h. Der Schlitten wird aus schwerer Esche gefertigt, ist aber käuflich nicht zu erwerben. Entweder man fertigt selbst oder man hat einen sehr guten Draht zum örtlichen Tischler.

Für Durchtrainierte

Treppenviertel Karte 3

Unbedingt einen Abstecher wert ist das Treppenviertel im ehemaligen Fischerdorf Blankenese. Die kleinen, meist eingeschossigen Häuschen der ehemaligen Kapitäne, Fischer, Lotsen und Schiffbauer erheben sich aus

Südliches Flair im Treppenviertel von Blankenese

einem scheinbaren Gewirr von Treppen, Gässchen, Minigärten und Terrassen. Wer das idyllische Treppenviertel am Elbhang *en detail* kennenlernen möchte, sollte allerdings topfit sein. Durch den Elbhang ziehen sich insgesamt 58 Treppen, die zusammengerechnet 4864 Stufen zählen!

S 1, 11: Blankenese

Kunst im Freien
Römischer Garten 🕮 Karte 3

Der gezirkelte Römische Garten liegt am Südhang des Polterberges. In den 1920er- und 1930er-Jahren war der nach italienischem Vorbild angelegte Garten beliebter Treffpunkt der Hamburger Gesellschaft. Es wurden Aufführungen gezeigt, gespeist oder zur Musik einer Kapelle getanzt. Heute wird in den Sommermonaten die Bühne wieder für Theaterstücke genutzt, etwa 200 Besucher finden in dem Freilichttheater Platz.

S 1, 11: Blankenese

Chillen mit Elbpanorama
Süllberg 🕮 Karte 3

Von dem rund 70 Meter hohen Süllberg oberhalb des Treppenviertels hat man alles bestens im Blick. Auf dem ehemaligen Burgareal erwarten den Besucher außerdem mehrere Restaurants und ein Biergarten mit wunderbarer Terrasse. Hier lässt es sich eine ganze Weile aushalten!

S 1, 11: Blankenese

Für alle
Ponton Op'n Bulln 🕮 Karte 3

Der Ponton Op'n Bulln ist mit dem Festland verbunden durch eine Gangway, die sich mal steil nach unten oder mal nach oben neigt – abhängig davon, ob gerade Ebbe oder Flut ist. Hier trifft sich ›tout Blankenese‹, aber auch Hamburger und Touristen zu Kaffee, Kuchen, Currywurst und Bier.

Strandweg 30/Fähranleger Blankenese,
Bus 48: Strandweg/Landungsbrücken,
Sommer tgl. ab 10, Winter Do–So ab 11 Uhr

Pause. Einfach mal abschalten

Ab ins Grüne. Machen Sie es den Hamburgern nach und flüchten Sie aus der Großstadthektik in die beschauliche Ruhe der Parks und Gärten. Die Auswahl ist groß und bequem von der City aus zu erreichen (am besten mit dem HVV).

Grüne Oase

Jenischpark Karte 3

Der älteste erhaltene Landschaftspark Deutschlands wurde um 1800 vom Hamburger Kaufmann Voght nach englischem Vorbild angelegt. Es entstand ein natürlicher Park mit nützlicher Agrarwirtschaft. Aus dieser Zeit stammen noch rund 100 Gehölze, zumeist mit Hainbuchen- und Eichenbestand. Ein Freund Baron Voghts, der Hamburger Kaufmann und Ratsherr Jenisch, erwarb das Anwesen 1828. Unter seinem Einfluss nahm die Parklandschaft ihre heutige Gestalt an.

Elbchaussee, S 1, 11: Klein Flottbek, Schnellbus: 36

Tierischer Spaß mit Bello vorm Jenischhaus

An der höchsten Stelle des Parks liegt das klassizistische **Wohnhaus** der Familie Jenisch als Zeugnis großbürgerlicher Wohnkultur. Es wurde 1828–1832 nach den Plänen der Architekten Franz Gustav Forsmann und Karl Friedrich Schinkel erbaut. Der Besucher erhält einen umfassenden Einblick in die repräsentative Wohnkultur des Großbürgertums in Hamburg und Norddeutschland.

Baron-Voght-Str. 50, Mo, Mi–So 11–18, Führungen So 14 Uhr, 7/5 €, Kinder bis 17 Jahren frei

Unweit des Jenisch-Hauses liegt das **Ernst-Barlach-Haus**, das eine umfangreiche Werksammlung des bedeutenden Bildhauers beherbergt. Der Dichter, Zeichner und Bildhauer Ernst Barlach gehört zu den herausragenden Künstlern des deutschen Expressionismus. Das Museum zeigt die umfangreiche Privatsammlung des Hamburger Fabrikanten Hermann F. Reemtsma, insgesamt 140 Bildwerke aus Holz, Bronze, Porzellan sowie etwa 150 Zeichnungen des Künstlers. Daneben finden regelmäßige Wechselausstellungen statt.

www.barlach-haus.de, Di–So 11–18 Uhr, 7/5 €

Prominente Verstorbene

Ohlsdorfer Friedhof nordöstl. K 1

Der zweitgrößte Friedhof der Welt und älteste Parkfriedhof Europas wurde 1877 eröffnet. Er ist nach dem Vorbild des englischen Landschaftsgartens angelegt, mit breiten Alleen und malerischen Wegen. Rund 200 000 Grabstätten liegen auf dem Friedhof, auf dem prominente Persönlichkeiten wie Hans Albers, Wolfgang Borchert, Heinz Erhardt, Gustaf Gründgens oder Carl Hagenbeck ruhen.

Fuhlsbüttler Str., U 1, S 1, 11: Ohlsdorf

Mittendrin

Planten un Blomen F/G 5

›Pflanzen und Blumen‹, so lautet der hochdeutsche Name für den Vorzeigegarten in der Innenstadt. Mitte der 1930er-Jahre gestaltete Karl Plomin den Botanischen Garten, an dessen Stelle sich einst Hamburgs erster Zoo befand und in dem Alfred Brehm sein »Tierleben« verfasste. Heute erwarten den Besucher ein Blumen- und Rosengarten, Freizeitanlagen und Pavillons mit Kurgartenatmosphäre. Auch ein großer See mit Wasserlichtorgel, und ein kunstvoll angelegter japanischer Garten sind hier zu finden.

Dammtor, S 21: Dammtor

Schumachers Vermächtnis

Stadtpark 🕮 H–K 1/2

Bäume, Gärten, Beete, Rasenflächen – der Stadtpark hat viele Gesichter und bietet unzählige Freizeit- und Sportmöglichkeiten, darunter einen Natursee mit Schwimmbad. Der Stadtpark wurde unter dem damaligen Oberbaudirektor Schumacher als grüne Lunge für die breite Schicht der Bevölkerung angelegt. In dem 180 ha großen Areal befindet sich auch das von Schumacher im Klinkerstil erbaute **Planetarium** (Otto-Wels-Str. 1, www.planetarium-hamburg.de, Vorführungen: T 040 42 88 65 20, Tickets ab 9 €). Das Programm umfasst auch Theater- und Musikaufführungen sowie Hörspiele rund um das Thema Universum, Kosmos, Planeten, Urknall etc.

U 3: Borgweg, Saarlandstraße

Fürstlicher Wald

Sachsenwald 🕮 Karte 4

Der Sachsenwald liegt am östlichen Stadtrand von Hamburg. Vor allem am Wochenende suchen die Städter Erholung in diesem größten geschlossenen Waldgebiet Schleswig-Holsteins. Kaiser Wilhelm I. schenkte seinem Reichskanzler Fürst Otto von Bismarck im Jahre 1871 das Areal, das noch heute im Besitz der Familie ist. Neben Natur pur gibt es auch noch eine Menge anderer Dinge zu sehen:

Das **Bismarck-Museum** befindet sich in dem schönen Fachwerkhaus »Altes Landhaus« in Friedrichsruh, einem Ortsteil von Aumühle. Hier, im nicht mehr erhaltenen Schloss, war ab 1871 der Wohnsitz des Reichskanzlers und hier verbrachte er auch die letzten Lebensjahre im Ruhestand bis zu seinem Tod im Jahre 1898. Der Besucher sieht

Wasserlichtorgel im Planten un Blomen

das Arbeitszimmer und eine große Anzahl von Briefen, Handschriften, Dokumenten und Erinnerungsstücken. In der neuromanischen Kapelle befindet sich das **Bismarck-Mausoleum**, in dem der Fürst und seine Frau beigesetzt sind. Eine besondere Attraktion ist auch der **Garten der Schmetterlinge** auf dem Gelände der Schlossgärtnerei in Friedrichsruh. Fürstin Elisabeth von Bismarck hat den Schmetterlingsgarten vor über 25 Jahren in den historischen Gewächshäusern des Kanzlers gegründet. In zwei Glashäusern leben Hunderte von einheimischen und exotischen Schmetterlingen inmitten nicht weniger tropischen Pflanzen.

Bismarck-Museum: Friedrichsruh, Am Bahnhof 2, T 04104 97 71 10, www.bismarck-stiftung.de, Di–So 10–16, April–Sept. 10–18 Uhr, Eintritt frei

Garten der Schmetterlinge: Friedrichsruh, Am Schlossteich 8, T 04104 60 37, www.garten-der-schmetterlinge.de, April–Ende Okt. Mi–So 10–17 Uhr, 9,50 €, Kinder 6,50 €

Anfahrt: Mit dem Auto: Aus Richtung Hamburg über die A 24, Richtung Berlin, Ausfahrt Reinbek oder Grande. Mit der S-Bahn: Mit der S 21 ab Hamburg Hbf. bis Aumühle, dann eine Station mit der Regionalbahn bis Friedrichsruh

Wohnen wie Udo?

Die wenigsten werden wie Udo Lindenberg dauerhaft im Hotel (der Panik-Musiker hat eine Suite im Atlantic) wohnen wollen, aber bei 37000 Betten, die in Hamburg zur Verfügung stehen, wird jeder fündig. Zu Messezeiten kann es vor allem bei den günstigeren Unterkünften zu Engpässen kommen. Doppelzimmer um die 70 € gelten als moderat. Viele Hotels geben Rabatte, sofern nicht gerade eine große Veranstaltung oder ein wichtiger Kongress stattfindet. Es gibt auch attraktive Wochenendpauschalen, oft mit einem Musical- oder Theaterbesuch verknüpft (s. Hotel-Portale wie www.hrs.de, www.trivago.de und www.hotel.de).

Ein **Boardinghouse** kann man für eine Nacht, eine Woche, einen Monat oder länger mieten. Die Suiten sind voll ausgestattet mit Arbeitsplatz und Küchenzeile, es gibt Concierge-, Einkaufs-, Reinigungs- und Wäscheservice. In Hamburg gibt es das »Clipper Elb-Lodge« mit Blick auf den Hafen und das »Hanse Clipper Haus« in der City. Nähere Infos: www.clipper-boardinghouses.de.

Zentral im Herzen Hamburgs stehen dem Besucher zum Beispiel in der Villa von Vopelius drei **Apartments** zur Verfügung. Eine kleine Oase der Ruhe. Infos: www.villahamburg.com.

Bei den **Privatunterkünften** ist das bekannteste Portal www.airbnb.de, daneben lohnt der Blick auf die englischsprachige Seite couchsurfing.com: »Stay with locals for free« lautet die Boschaft. Voraussetzung für diesen Austausch der Gastfreundschaft ist eine Mitgliedschaft in dem Netzwerk.

Unkonventionell und lässig: die Superbude

ZUM SELBST ENTDECKEN

Bei Buchungsfragen hilft auch die Hamburg-Hotline unter T 040 30 05 13 51 gerne weiter. Auf die Vermittlung von Privatzimmern haben sich außerdem spezialisiert: Homecompany: T 040 194 45, www.hamburg.homecompany.de, und bed & breakfast: T 040 491 56 66, www.bed-and-breakfast.de.

PREISE

So viel kostet in etwa ein Doppelzimmer mit Frühstück:

€ bis 100 Euro
€€ 100–175 Euro
€€€ über 175 Euro

Alles auf Rot

ARCOTEL Rubin Hamburg J 6

Zentral in St. Georg gelegenes Hotel. Der Name ist Programm, denn das Interieur ist in rubinroten Farben gehalten. 217 Zimmer und Suiten bieten modernsten Komfort. Die Themenzimmer sind unterschiedlich gestaltet. Café und Restaurant mit typischer österreichischer und regionaler Küche. Entspannung pur gibt es im Wellness- und Fitnessbereich mit Saunen, Dampfbad und Solarium.

Steindamm 63, T 040 241 92 90, www.arcotel.at, U 1: Lohmühlenstraße | €€

Frisch & Günstig

B & B Hotels C 5

Manche kennen B & B Hotels schon aus Frankreich. Mittlerweile gibt es auch in Hamburg vier Ableger dieser Hotelkette. Frisches Design, eine gute Ausstattung der Zimmer und manches Extra wie kostenlose Parkplätze, gratis WLAN und Sky-TV machen das Hotel sympathisch. Klimaanlage und moderne Schallisolierung finden sich in jedem Zimmer, ein Komfort, den man in warmen Nächten nicht missen möchte.

Stresemannstr. 318, T 040 851 80 60, www.hotelbb.de, S 21: Diebsteich | €

Hamburg von oben

Empire Riverside Karte 2, D 4

Fast jedes Zimmer hat eine bodentiefe Panoramaverglasung über eine volle Wandfläche. Diese garantiert von jedem Punkt des Raumes, besonders in den oberen Geschossen, einen spektakulären Blick über Hafen, Elbe oder Stadt. Im obersten Stock befindet sich die 20up Bar (► S. 57).

Bernhard-Nocht-Str. 97, T 040 311 19-0, www.empire-riverside.de, U 3, S 1, S 3, Landungsbrücken | €€€

Wie auf hoher See

Das Feuerschiff Karte 2, E 5

Maritimer geht's kaum. Das Feuerschiff liegt fest im Hamburger Jachthafen und bietet die ehemaligen Mannschaftskabinen als Übernachtungsmöglichkeit an. Frühzeitig reservieren, denn es stehen nur sechs Einzel- und Doppelkajüten und die Kapitänskajüte zur Verfügung. Auch ein Restaurant ist an Bord, wo die Speisekarte rund ums Jahr leckeren Fisch in vielen Variationen anbietet.

City-Jachthafen am Baumwall, T 040 36 25 53, www.das-feuerschiff.de, U 3: Baumwall | €€

Eindrucksvolle Architektur

Gastwerk B 5

Außen viel norddeutscher Backstein in Verbindung mit Glas, innen pures Design. Dennoch wirkt hier nichts kühl und unpersönlich. Ein Designhotel par excellence, dem heute wohl kaum mehr das ehemalige Kohlelager des Altonaer Gaswerks anzusehen ist. 141 Zimmer, Lofts und Suiten laden zum Übernachten ein. Restaurant, Bar und ein Wellnessbereich runden das Angebot ab.

Beim alten Gaswerk 3, T 040 89 06 20, www.gastwerk-hotel.de, S 1, 11: Bahrenfeld | €€€

Britische Moderne

The George Hotel J 5

Very British mit einem Hauch von Dolce Vita. Das George Hotel liegt mitten im Szene-Viertel St. Georg nur zwei Minuten von der Außenalster entfernt. Die Bar DaCaio öffnet in den Sommermonaten die Dachterrasse mit garantiert grandiosem Ausblick auf die Stadt.

Barcastr. 3, T 040 280 03 00, www.thegeorge-hotel.de, U 1, Lohmühlenstraße | €€€

Retro with a twist

Henri Hotel Karte 2, H 3

Zentral in der City gelegen, die Einkaufsmeile Mö ist gleich um die Ecke. Jedes Zimmer ist sehr stylish und mit viel Liebe zum Detail eingerichtet. Obwohl das Hotel erst 2013 eröffnet wurde, wird hier ein Retro-Stil der 1960er-Jahre vorgelebt. So würde es niemanden verwundern, käme Don Draper durch die Tür. Ein Zuhause auf Zeit, in dem sich nicht nur Mad Men wohlfühlen werden.

Bugenhagenstr. 21, T 040 554 35 75 57, www.henri-hotel.com, U3: Mönckebergstraße | €€

In der HafenCity
25hours Altes Hafenamt
Karte 2, H 5
Seit 2016 befindet sich in dem denkmalgeschützten ehemaligen Kapitänsheim und ältesten Gebäude der HafenCity dieses Hotel mit 49 individuellen, gemütlichen Zimmern, die vom Augsburger Designteam Dreimeta gestaltet wurden. Maritime Geschichte präsentiert sich hier in modernem Gewand. Über eine Gangway im Erdgeschoss gelangen Sie ins Restaurant Neni, das sich der Küche des östlichen Mittelmeerraums verschrieben hat. Im Nachbargebäude 25hours HafenCity bietet im 6. Stock die Hafensauna Entspannung mit Blick auf den Hafen. Mit Boilerman Bar, Fahrradverleih und Schmökerstube.
Osakaallee12, T 040 555 57 50, www.25hours-hotels.com, U 4 Überssequartier | €€

Alsterblick zum Frühstück
Hotel Alsterblick J 5
Der Name ist Programm – die Alster ist gleich gegenüber. Geboten ist ein gemütliches Ambiente zu fairen Preisen. Die 43 frisch renovierten Zimmer in einem historischen Stadthaus von 1892 sind in modernem Landhausstil ausgestattet mit Kabel-TV und WLAN. Das reichhaltige Frühstücksbuffet ist im Zimmerpreis inklusive – so kann der Tag beginnen.
Schwanenwik 30, T 040 22 94 89 89, www.hotel-alsterblick.de, Bus 6: Mundsburger Brücke | €€

Very British
Hotel Miramar J 5
Der Name täuscht: Dieses kleine (elf Zimmer), aber feine und familiengeführte Hotel ist *very British*. Die Besitzer Ann und Andie Broadhurst bringen ein wenig englischen Lebensstil nach Hamburg. Freundliche Farben, viel Silber und Antiquitäten erwarten den Besucher. Auf Wunsch werden die Zimmer mit Allergiker-Betten ausgestattet. Das Frühstücksbuffet ist allerdings ganz und gar nicht *English*, sondern *continental* und vorzüglich.
Armgartstr. 20, T 040 51 90 09 40, www.hotelmiramar.de, U 3: Uhlandstraße | €€

Wohnen im Turm
Mövenpick Hotel Hamburg F 5
Der ehemalige Wasserturm aus dem 19. Jh. beherbergt das 4-Sterne-Mövenpick Hotel Hamburg. Architekturbegeisterte kommen hier voll und ganz auf ihre Kosten. Das alte Gebäude wurde behutsam restauriert und glänzt nun mit raffiniertem, zeitlosem Design. Der imposante Turm bietet auf 16 Etagen 226 moderne Nichtraucherzimmer. Dezente Farbtöne verleihen sämtlichen Zimmern eine warme und gemütliche Atmosphäre. Gratis gibt es von allen Zimmern einen unvergesslichen Blick über die Stadt.
Sternschanze 6, T 040 334 41 10, www.moevenpick-hamburg.com, U 3/S 31: Sternschanze | €€€

Hart, aber herzlich
Seemannsheim Krayenkamp
Karte 2, E 4
Genau richtig für diejenigen, die schon immer mal ein echtes Seemannsheim von innen sehen wollten. In diesem Haus können auch Landratten eine Koje für die Nacht finden. Das Seemannsheim Hamburg bietet 83 einfach möblierte Zimmer. Alle verfügen über Waschbecken, Telefon und Fernsehen, die besseren Zimmer haben zusätzlich Dusche und WC. Im Restaurant gibt es einen günstigen Mittagstisch für jedermann.
Krayenkamp 5, T 040 370 96-0 und -101, www.seemannsheim-hamburg.de, S 1: Stadthausbrücke | €

Design für Verwöhnte
Side Karte 2, F 2
Das 5-Sterne-Designhotel liegt nahe der Binnenalster. Für die Architektur ist Jan Störmer verantwortlich, Matteo Thun kümmerte sich um das puristische Interieur. Die 178 Zimmer und Suiten des Side sind klassisch-modern, komfortabel und mit neuester Technik eingerichtet, eine Dachterrasse ist in der 8. Etage vorhanden. Das [m] eatery-Restaurant im Haus verwöhnt den Gaumen mit sensationellen selbst gereiften Steaks.

Retro-Look mal anders im 25hours Hotel, HafenCity

Drehbahn 49, T 040 30 99 90, www.side-hamburg.de, U 1: Stephansplatz | €€€

Superlässige Absteige

Superbude J 6 (St. Georg), B 5 (Altona), E 5 (St. Pauli)

Wer es unkonventionell und lässig mag, ist hier genau richtig. Schlafsäle und private Zimmer, außerdem gibt's WLAN gratis, Gästeküche und Kino sind ebenfalls vorhanden.

Drei Standorte stehen zur Auswahl: Spaldingstr. 152 (St. Georg), S 1: Berliner Tor; Paul-Dessau-Str. 2 (Altona), S 1, 11: Bahrenfeld; Juliusstr. 1–4 (St. Pauli), U 3/S 21: Sternschanze; www.superbude.com | €

Liebevolles Interieur

Village J 6

Das Hotel liegt in der lebhaften Bahnhofsgegend. Die 20 plüschig-barocken Zimmer, Zeugen einer erlebnisreichen Zeit, sind teilweise mit großen Spiegeln und Kristalllüstern ausgestattet. Kein Wunder, denn die Räume beherbergten einst das nobelste Bordell Norddeutschlands. Künstler und Szeneleute steigen hier gerne ab.

Steindamm 4, T 040 480 64 90, www.hotel-village.de, U 1, 3: Hauptbahnhof-Süd | €€

Schön schlicht

YoHo – The Young Hotel E 4

Der Name verpflichtet: Wer jünger als 26 Jahre ist, zahlt hier weniger. Das hat sich rumgesprochen, überwiegend junge und jung gebliebene Gäste steigen in der alten Stadtvilla ab. 30 Zimmer in zeitlosem Design. Kostenloser Parkplatz und kostenloses WLAN im ganzen Haus. Gleich nebenan befindet sich das beliebte Restaurant Mazza.

Moorkamp 5, T 040 284 19 10, www.yoho-hamburg.de, U 2: Christuskirche | €€

Gastronomisch das Hoch im Norden

In Hamburg sind kulinarische Höhenflüge keine Seltenheit. Der Guide Michelin hat an viele Restaurants der Spitzenklasse in der Stadt die begehrten Sterne vergeben. Aber es muss ja nicht immer ein Stern sein, die Stadt ist voll mit Lokalen, deren Küche auch von anderer Seite ausgezeichnet wurde.
Im studentischen Grindelviertel reiht sich ein Café an das andere, die Gegend ist ein guter Tipp für preiswerte Lokale. Auch St. Pauli ist immer gut, was die Verzehrmöglichkeiten angeht. Das älteste italienische Restaurant der Stadt, das Cuneo, gibt es übrigens hier schon seit über 100 Jahren.

Wer die portugiesische Küche schätzt, für den hält die Stadt das Portugiesenviertel nahe der U-Bahn-Station Baumwall bereit, wo man für einen Platz schon mal Schlangestehen muss.

Egal, ob deftig, französisch oder österreichisch: Die Hamburger frühstücken gerne und tun dies immer öfter in den zahlreichen Cafés der Stadt.

Und an Fisch kommt sowieso niemand vorbei. Ob Matjes, Scholle oder Backfisch, ob im edlen Restaurant oder an der Fischbude am Fischmarkt – Touristen wie Einheimische genießen die fangfrische Ware gleichermaßen.

Ebenfalls extrem beliebt sind die Locations mit Alsterblick: Bei einer schönen Aussicht scheint das Essen gleich doppelt so gut zu schmecken.

Übrigens: Ein preiswerter Mittagstisch wird von fast allen Lokalen angeboten.

Der Tisch ist gedeckt in Tim Mälzers Bullerei.

ZUM SELBST ENTDECKEN

In Hamburg sind bekanntlich die Nächte lang. Da kann es passieren, dass man eine stärkende Mahlzeit braucht. Rund um die Reeperbahn findet man neben Burger-Läden auch noch andere Lokalitäten, die warme Küche anbieten.
Auch gut: **Erika's Eck** (► S. 94) im Schanzenviertel.

PREISE

So viel kostet in etwa ein Hauptgericht oder ein Tagesmenü:

€	bis 20 Euro
€€	20–30 Euro
€€€	über 30 Euro

SO BEGINNT EIN GUTER TAG IN HAMBURG

Logenplatz bei jedem Wetter

Arkaden-Café Karte 2, G 3
Von der Terrasse in den Alsterarkaden hat man einen Logenplatz mit direktem Blick auf das von außen renovierte Rathaus. Die Torten und das Gebäck sind aus eigener Konditorei, der Käsekuchen der Geheimtipp. Obwohl renoviert, blieb der nostalgische Charme erhalten. Die freundliche Bedienung honoriert auch gerne Extrawünsche, Frühstück gibt's den ganzen Tag über.

Alsterarkaden 9–10, T 040 35 76 06 30, www.arkaden-cafe.de, U 4/S 1: Jungfernstieg, tgl. 9–19 Uhr | €

Urgemütliches Ambiente

Café Lindtner G 2
Seit über 50 Jahren bietet das Lindtner in Eppendorf eine Kaffeehaus-Atmosphäre, wie man sie eigentlich nur in Wien erwarten würde. Gemütliche Sitzgelegenheiten und der aufmerksame Service laden zum längeren Verweilen ein. Die Auswahl am Kuchenbuffet ist riesig und die Leckereien sind appetitanregend dekoriert. Widerstand ist da zwecklos. Im Sommer mit kleinem Garten.

Eppendorfer Landstr. 88, T 040 480 60 00, www.konditorei-lindtner.de, U 1, 3: Kellinghusenstraße, tgl. 10–18 Uhr | €€

Palazzo grande

Literaturhauscafé J 4
Neben Kuchen werden auch kleine Gerichte ab 12 € serviert. Das Literaturhauscafé liegt in bevorzugter Lage an der Außenalster. Ein Ort zum Wohlfühlen, denn die Räumlichkeiten können sich sehen lassen. Der prächtige Festsaal erinnert an einen römischen Palazzo, regelmäßig finden hier Lesungen und andere Literaturveranstaltungen statt (www.literaturhaus-hamburg.de).

Schwanenwik 38, T 040 220 13 00, www.literaturhauscafe.de, Bus 6: Mundsburger Brücke, Mi–So 9.30–22 Uhr | €€

Der Ausblick macht's

Campus Suite – Kaisersuite
Karte 2, F 5
Das Unternehmen betreibt etliche Filialen in der Stadt. Der Standort hier befindet sich vis à vis der Elphi. Die Außenterasse ist immer gut besucht und Plätze beim Publikum heiß begehrt. Frühstück, Snacks und kleine Gerichte sind im Angebot.

Am Kaiserkai 60–62, T 040 23 85 83 80, www.campussuite.de, U 4: Überseequartier, Mo–Fr 7.30–20, Sa/So 10–20 Uhr | €

SUMMER IN THE CITY

Sommerhitze macht sich breit in der Stadt. Spätestens dann ist ein Riesenandrang auf die Eiscafés zu beobachten. Von mir selbst getestet und empfehlenswert sind: **Eiscafé Dante,** Eppendorfer Weg 269; **Eiscafé am Poelchaukamp,** Poelchaukamp 3; **Eiscafé Triboli,** Lange Reihe 47; **Otto's Eiscafé,** Eppendorfer Landstr. 33.

Vive la France!

Café des Artistes Karte 2, H 3
Das Ambiente erinnert an eine elegante Pariser Brasserie im Stil der 1930er-Jahre. Die Patina fehlt natürlich noch, denn das Restaurant wurde erst 2019 eröffnet. Große Terrasse vor der Tür mit Blick auf den Gerhard-Hauptmann-Platz, gleich nebenan liegt das Thalia Theater.

Gerhard-Hauptmann-Platz 70, T 040 30 37 50 88, www.cafedesartistes.de, U 3: Mönckebergstraße, Mo–Sa 12–21 Uhr | €€

WO ESSEN AUF NACHHALTIGKEIT TRIFFT

Cool Cats
Katers Köök F 4/5

In Hamburgs Katzencafé kommen Jung und Alt auf ihre Kosten. Bei Kaffee und Kuchen ist Spielen mit den Vierbeinern strengstens erlaubt. Es werden ausschließlich vegane Speisen serviert. Neben der vielfältigen Speisekarte gibt es auch saisonal variierende Wochengerichte. Am Wochenende Reservierung empfohlen.

Kleiner Schäferkamp 24, T 040 18 29 48 91, www.katers-koeoek.de, U 2/U 3: Schlump, Di–Do 11–18, Sa 10–20, So 10–18 Uhr | €

Elegante Atmosphäre
Goldbach Karte 2, G 3

Die ehemalige Bank-Schalterhalle hat Dieter Kasischke in ein Restaurant umgewandelt. Das gastronomische Angebot (vorzugsweise Fisch) und die imposante Architektur mit ihren fast 6 Meter hohen Decken verführen den Gast zum Verweilen.

Rathausmarkt 17–18, T 040 37 50 39 17, U 3: Rathaus, Mo–Sa 12–21 Uhr | €€

FISCH

Auch wenn sich die Stadt nicht direkt am Meer befindet, liegen Hamburg und Fisch doch nahe beieinander. Die traditionelle Fischgastronomie, verbunden mit einer großen Auswahl an guten Fischrestaurants, ist schnell und einfach entlang der Elbe und im Hafen ausfindig zu machen. Das **Fischereihafen-Restaurant** bietet eine hervorragende Küche, das in der Nähe gelegene **Rive** einen ebensolchen Ausblick auf den Hafen.

Beim Küchenbullen zu Gast
Bullerei E 5

In den historischen Viehhallen des alten Schlachthofs im Schanzenviertel befindet sich das Restaurant von Starkoch Tim Mälzer und seinem Partner Patrick Rüther. Die Medien berichteten – klar, dass der Laden jeden Tag voll ist. Die Gerichte sind überzeugend bodenständig, neudeutsch mit mediterranen Einflüssen. Im Deli gibt es eine frische und vegetarische Küche zu fairen Preisen.

Lagerstr. 34b, T 040 33 44 21 10, www.bullerei.de, U 3/S 31: Sternschanze, Restaurant tgl. ab 17 Uhr | €€; Deli tgl. ab 12 Uhr | €

Junge deutsche Küche
Küchenfreunde F 3

Immer gut besucht, daher nicht einfach, hier einen Platz zu bekommen. Die Qualität der hausgemachten Gerichte ist auch wirklich gut. Viele Zutaten werden aus der Region bezogen, Herkunft und Nachhaltigkeit sind den Betreibern und Gästen wichtig. Salate, Fleisch und Fisch, große Auswahl an Weinen.

Lehmweg 30, T 040 49 02 19 65, www.kuechenfreunde.net, U 3: Eppendorfer Baum, Mo–Fr 12–15, 17.30–23, Sa/So 17.30–23 Uhr | €€

All you can eat
Mr. Cherng Karte 2, H 3

Asiatische Köstlichkeiten im Herzen der Stadt. Beim All-you-can-eat-Buffet haben Sie die Qual der Wahl, Highlight ist jedoch das Wok-Barbecue: Es darf aus allerlei Zutaten gewählt werden, was dann direkt vor den Augen des Gastes vom Koch zubereitet wird. Abends Buffet mit großer Sushi-Auswahl.

Speersort 1, T 040 39 87 03 66, www.mr-cherng.de, U 3: Rathaus, Mo–Fr 12–22 (Mittagspause 15–17.30), Sa 13–23 Uhr | €

Gehobene Küche
Tassajara F/G 2

Ovo-lacto-vegetarisch, hier wird gehobene Küche mit asiatischem Einschlag serviert. Es wird ausschließlich mit Bioprodukten gekocht. Das Restaurant

Mälzers Bullerei liegt in den historischen Viehhallen des alten Schlachthofs.

gibt es hier vor Ort seit über 30 Jahren, ein Beleg für die gastronomische Qualität in der ansonsten schnelllebigen Eppendorfer Gastroszene.

Eppendorfer Landstr. 4, T 040 48 38 90, www.tassajara.de, U 3: Eppendorfer Baum, Mo–Sa 11.30–22 Uhr | €

Schöne Aussicht
Herzstück E 4

Mitten in Eimsbüttel bietet das Herzstück eine feine Karte an Speisen und Getränken an, vorwiegend neue deutsche Küche. Bei guten Wetter sind die Tische vor dem Lokal sehr begehrt zum Sonnenbaden, Schauen und Frühstücken.

Osterstr. 10, T 040 491 73 55, www.waswirwirklichlieben.de, U 2: Christuskirche, Di–Sa 9–23, So/Mo 9–17 Uhr | €€

Institutionen und Szenetreffs

Macht satt
Abaton Bistro G 4

Ob vor oder nach dem Besuch des gleichnamigen Programmkinos um die Ecke – der Abstecher lohnt sich immer. Die Karte enthält Leckeres wie das Wiener Schnitzel vom Kalb mit Gurken-Kartoffelsalat. Schmeckt sensationell gut.

Grindelhof 14a, T 040 45 77 71, www.abaton-bistro.de, Bus: 4, 5 bis Grindelhof, Mo–Fr 9.30–1, Sa, So 12–24 Uhr | €

Rustikales Ambiente
Altes Mädchen F 5

Rustikal, aber dennoch modern geht es im Brauhaus Altes Mädchen zu. Die Sitzecke am offenen Kamin wird von den Gästen gern genutzt, und über 60 Biersorten aus aller Welt stehen zur Auswahl. Ein Biersommelier berät bei der Auswahl der Sorte, die zu den Speisen (ab 12 €) passen sollte. Das ist z. B. das in kleinen Schälchen gereichte »Abendbrot«, »Heimat« (Büsumer Krabben, Matjes ...), »Dicke Hose« (getrüffeltes Bauernei und doppeltes Kotelett ...), »Fischmarkt« (Räucheraal, Lachs ...), »Wo die Sonne aufgeht« (Tandoori-Linsen, Hühnchen ...) oder »Ganz weit im Süden« (Antipasti).

Lagerstr. 28 B (Schanzen-Höfe), T 040 800 07 77 50, www.altes-maedchen.com, U 3/S 31: Sternschanze, Mo–Sa 12–24, So 12–23 Uhr | €

Familiäre Trattoria mit Tradition: das Cuneo

Traumhafter Hafenblick
Am Kai C 7
Der Blick auf den Hafen und die Elbe ist allein schon die Anreise wert, für den kulinarischen Genuss sorgt die mediterrane Küche. Viel Fisch und Seafood bietet die Karte. Szeniges und jung gebliebenes Publikum bevölkert an lauen Sommerabenden die Panoramaterrasse.
Große Elbstr. 145b–d, T 040 38 03 77 30, www.amkai.hamburg, S1: Reeperbahn, Di–Sa ab 17.30 Uhr | €€€

Cucina Tradizionale
Cuneo Karte 2, C 4
Das Cuneo ist eine Institution. Das mitten im Rotlichtviertel gelegene Restaurant war der erste Italiener in der Stadt, eröffnet im Jahre 1905. An der Küche gibt es nichts zu meckern, und auch der Service ist gut. Medienleute und die Hamburger Szene gehen hier ein und aus. Tischreservierung ist zu empfehlen.
Davidstr. 11, T 040 31 25 80, www.cuneo1905.de, U 3: St. Pauli, Mo–Sa 17–24 Uhr | €€

Bratkartoffeln satt
Erika's Eck F 5
Das Ambiente ist rund 40 Jahre alt, was niemanden stört. Im Gegenteil: An Wochenenden ist ohne Reservierung kein Platz zu bekommen. Traditionelle Schnitzel-Gerichte mit Bratkartoffeln oder Steaks stehen in der Gunst der Gäste ganz weit oben. Und auch wenn es mal wieder rappelvoll ist, hat das Serviceteam alles im Griff.
Sternstr. 98, T 040 43 35 45, www.erikas-eck.de, U 3: Sternschanze, Mo–Fr 6–22, Fr/Sa auch nachts bis 5 Uhr | €

Immer gut besucht
Da Donato Karte 2, G 2
Die familiäre Atmosphäre, die vorzügliche Speisekarte und die moderaten Preise werden von den Gästen sehr geschätzt. Im Sommer bietet die Terrasse in der Fußgängerzone unter den großen Schirmen Platz für 50 Personen. Das ist *un poco d'Italia in Amburgo.*
Colonnaden 47, T 040 35 71 34 80, www.da-donato.de, U 1: Stephansplatz, Mo–Fr 11.30–22 Uhr | €

Gute Stube
Deichgraf Karte 2, F 4
In historischen Räumen liegt dieses beliebte Restaurant. Wer das Gutbürgerliche schätzt, ist hier richtig. Norddeutsche Küche und Hamburger Spezialitäten kommen hier auf den

Tisch. Gehobene Preise, aber die Qualität stimmt auch.

Deichstr. 23, T 040 36 42 08, www.deichgraf-hamburg.de, U 3: Rödingsmarkt, Di–Fr 12–15, 17.30–21, Sa 12–22 Uhr | €€

Die Pizza ist berühmt

Eisenstein C 6

Die Zeiten, in denen die Punks der Umgebung hier auch mal rumstänkerten, sind längst vorbei. Geblieben ist Hamburgs immer noch beste Lachspizza: ›Helsinki‹, mit oder ohne Zwiebeln. Mittags viel Medienvolk aus der Umgebung, später eher gemischtes Publikum. Abends sichert rechtzeitiges Erscheinen einen Platz, will man nicht in der langen Schlange stehen.

Friedensallee 9, T 040 390 46 06, www.restaurant-eisenstein.de, S 1: Altona, Mo–Fr 12–22, Sa/So 10–22 Uhr | €

Mein Favorit im Viertel

Der Etrusker G 4

Die Restaurantdichte in Uninähe ist hoch, gerade hier im Grindelhof. Der Etrusker ist dabei momentan mein Favorit. Immer freundlicher Service, auch wenn der Laden mal wieder brechend voll ist. Im Sommer gibt's mehr Plätze auf der Terrasse. Sehr gutes Preis-Leistungsverhältnis, der Mittagstisch ist einfach unschlagbar, besser geht nicht.

Grindelhof 45, T 040 410 13 05, www.der-etrusker.de, U 1: Stephansplatz, tgl. 12–24 Uhr | €

Modern mediterran

Mama Trattoria F 2/3

Legendäre Räumlichkeiten, in denen Musikgeschichte geschrieben wurde, denn in den 1970er-Jahren beherbergten sie das Onkel Pö, Dreh- und Angelpunkt der Hamburger Szene. Man sieht dem Ecklokal die illustre Vergangenheit allerdings nicht mehr an: Heute gibt es in der Mama Trattoria mediterrane Speisen in guter Qualität und eine reiche Auswahl an Vorspeisen. Als Nachspeise mal probieren: *Pizza fina con cioccolato,* eine dünne Pizza mit Schokoladencreme

Lehmweg 44, T 040 24 43 87 97, www.mama.eu, U 3: Eppendorfer Baum, tgl. 12–21 Uhr | €

Stilvolle Halle

Peter Pane J 5

Die 1887 erbaute Turnhalle einer Mädchenschule wurde vor ein paar Jahren zu einem Restaurant umgebaut. Heute gibt es hier gegrillte Gourmet-Burger in vielen Geschmacksrichtungen, wie mit Bernsteinkäse und Baby-Spinat. Auch vegetarische und vegane Varianten.

Lange Reihe 107, T 040 28 00 85 35, www.paterpane.de/restaurants/hamburg/turnhalle, U 3/S 3: Hauptbahnhof, tgl. 11–24 Uhr | €

Here is the beef

Schlachterbörse E/F 5

Das urig-rustikale Lokal war ursprünglich der Speisetreff der Fleischer des angrenzenden Schlachthofes. Die Fleischstücke sind riesig und sehr lecker, dazu eine reichliche Auswahl an Kartoffelbeilagen.

Ü ÜBRIGENS

Der Trend kommt aus den USA. Mit der Wirtschaftskrise 2008 passten Restaurantbesuche oft nicht mehr ins Budget. Vor allem junge Köche wurden arbeitslos und suchten nach Alternativen. Es entstand die **Food-Truck-Bewegung**, die gutes Essen für relativ wenig Geld anbietet. Auch in Hamburg boomt das Essen auf Rädern. Die mobilen Food Trucks haben mit den Imbisswagen von gestern allerdings kaum eine Gemeinsamkeit. Die Auswahl an Speisen ist vielfältig und variiert von Wagen zu Wagen. Man findet die Trucks auf Festivals und an Plätzen, wo sich mittags die Büroangestellten tummeln.

Orte und Termine: https://www.craftplaces.com/de/details/stadt/hamburg

Kampstr. 42, T 040 43 65 43, www.schlachterboerse.de, U 3/S 21: Sternschanze, Mo–Sa 16–24 Uhr | €€€

Norddeutsch: die Oberhafen-Kantine

EXPERIMENTIERFREUDIG UND UNGEWÖHNLICH

Fusionküche für verwöhnte Gaumen

East Restaurant und Bar Karte 2, C 3

Das Ambiente hat Weltstadtniveau und ist absolut sehenswert. Die Fusionküche im euroasiatischen Stil braucht sich nicht zu verstecken, ist allerdings auch nicht gerade preiswert.

Simon-von-Utrecht-Str. 31, T 040 30 99 33, www.east-hamburg.de, U 3: St. Pauli, tgl. 14–22 Uhr | €€€

Beliebt seit Generationen

Daniel Wischer Karte 2, G 3

Das Lokal ist eine Hamburger Institution. Bodenständig und familienfreundlich seit 1924. Wer nach dem Sightseeing hier in der City gut und günstig Fisch essen möchte, kommt um die Fischbratküche in Rathausnähe nicht herum. Lassen Sie sich hier bei einer Fassbrause den Fisch mit Pommes oder Kartoffelsalat schmecken.

Große Johannisstr. 3, T 040 36 09 18 88, www.danielwischer.de, U 3: Rathaus, Mo–Sa 11–22 Uhr. Filiale: Steinstr. 15a, T 040 32 52 57 95, Mo–Sa 11–16 Uhr | €

Leicht und bekömmlich

HanoiDeli F2

Frisch und schmackhaft werden hier Gerichte der vietnamesischen Küche zubereitet. Kleine Vorspeisen wie die Frühlingsrolle und die Sommerrolle oder Klassiker wie die Pho Suppe sind im Angebot, ebenso auch die vom Publikum sehr geschätzten, köstlichen Duftreisgerichte.

Eppendorfer Baum 47, T 040 35 58 48 53, www.hanoideli.de, U 3: Eppendorfer Baum, Mo–Fr 11–22, Sa 12–22, So 13–22 Uhr. Filiale: Schauenburgerstr. 55, T 040 22 61 31 67, Mo–Sa 11–22, So 11–21 Uhr) | €

MUSEUMSKÜCHE

Dass in Hamburger Museen Schätze aus Vergangenheit und Gegenwart zu bewundern sind, liegt auf der Hand. Zu entdecken sind aber auch häufig gastronomische Kleinode, die sich durch Lage oder Küche auszeichnen. So ist etwa das **Café Liebermann** in der historischen Säulenhalle der Hamburger Kunsthalle untergebracht. Auch die Galerie der Gegenwart hat ein Lokal, **The Cube.** Von hier aus haben Sie einen fantastischen Ausblick auf die Binnenalster. Im Museum am Rothenbaum (MARKK) befindet sich das **Restaurant Okzident,** das mit einer Küche aufwarten kann, die von orientalischen Rezepten inspiriert ist. Im Museum für Kunst und Gewerbe bietet die **Destille Hausmannskost** im Ambiente der Gründerzeit.

Krumm und schief

Oberhafen-Kantine Karte 2, J 5

Ursprünglich diente die Küche in dem kleinen und mittlerweile sehr schiefen Backsteinbau der Verpflegung der Hafenarbeiter. Die 1925 erbaute OHK wurde saniert und 2006 wieder in Betrieb genommen. Die Küche ist traditionell norddeutsch mit Produkten aus den umliegenden Regionen und nachhaltiger Landwirtschaft. Die Oberhafen-Kantinen-Abendbrotplatte auf großen Holzbrett besteht aus wechselnden Spezialitäten. Empfehlenswert ist der »Schmackhafte Querschnitt« durch die Küche.

Stockmeyerstr. 39, T 040 32 80 99 84, www.oberhafenkantine-hamburg.de, U 1: Messberg, Mi 17–22, Do–So 12–22 Uhr | €

Orientalische Welt

Saliba Karte 2, G 3

Syrische Küche in den Alsterarkaden. Freundliche Räume mit einem Hauch von orientalischer Exotik. Bei den traumhaft gewürzten Speisen kommen vor allem gesundheitsbewusste Genießer und Vegetarier auf ihre Kosten. Unbedingt empfehlen kann ich die Mezze, so werden die köstlichen Vorspeisengerichte bezeichnet (ab 13,50 €).

Neuer Wall 11/Alsterarkaden, T 040 34 50 21, www.saliba.de, U 1/S 1: Jungfernstieg, tgl. 12–22 Uhr | €€

Back to the Fifties

Tankstelle Brandshof K 8

Oldtimer-Freunde werden sich hier wohlfühlen. Die Gasolin-Tankstelle schickt den Besucher auf eine Reise in die 1950er-Jahre. Vieles ist noch original aus dieser Zeit, manches behutsam restauriert. Im »Erfrischungsraum« werden kleinere Speisen und Getränke angeboten. Die Speisekarte ist überschaubar, Frühstück gibt es ab 4 Uhr morgens.

Billhorner Röhrendamm 4, T 040 78 25 64, www.tankstelle-brandshof.de, Metrobus 3, Mo–Fr 8–21, Sa/So 9–21 Uhr | €

Authentisches Sushi

Kampai Karte 2, C 3

Die wohl kleinste Sushi Bar in der Stadt hat nur sechs Sitzplätze. Die Einrichtung ist angelehnt an ein japanisches Izakaya. Der aus Osaka stammende Sushi-Meister Goro Enemoto verwöhnt seine Kundschaft mit ausgewählten, feinen Sushi-Kreationen. Gastfreundschaft wird hier groß geschrieben.

Hamburger Berg 25, T 040 32 31 84 84, www.kampai-hamburg.de, S1/S3: Reeperbahn, Mi–Sa 18–22 Uhr | €€€

Geheimtipp war einmal, Reservierung ist angebracht: East Restaurant.

Shopping-Paradies – von Mode bis Fisch

»Wir gehen in die Stadt.« Hamburger verbinden mit diesem Satz automatisch einen Shoppingbummel durch die Einkaufsstraßen der Innenstadt. Während die großen Kaufhäuser und Boutiqueketten eher entlang der Mönckeberg- und Spitalerstraße liegen, finden sich die kleinen, feinen Geschäfte und Edelboutiquen vor allem im Dreieck Jungfernstieg, Neuer Wall und ABC-Straße. Außerdem schlängeln sich hier auf rund 4 km die überdachten Einkaufspassagen und Warenhäuser durch die typischen Hamburger Kontorhäuser.

Hamburg hat das dichteste Netz von überdachten Einkaufspassagen innerhalb Deutschlands – vielleicht hat das sprichwörtlich typische Hamburger Schmuddelwetter daran einen Anteil. Sie liegen zwischen Neuem Wall, Gänsemarkt und Colonnaden. Die größte überdachte Shoppingmall in der City ist die Europa-Passage am Ballindamm. Dass Größe nicht alles ist, beweist die Mellin-Passage am Neuen Wall. Hamburgs kleinste und älteste noch bestehende Passage ist definitiv die schönste. Feinkost, Wein oder frischen Fisch gibt es in fast jedem Stadtteil zu kaufen. Gerade die vielen kleinen und kreativen Läden lassen keine Wünsche offen.

Wer sich ein Souvenir aus der Stadt mitbringen möchte: Wie wär's mal mit einem Hamburg-Krimi oder einem Soundtrack zu einem der beliebten Musicals?

Süße Köstlichkeiten im Mutterland

ZUM SELBST ENTDECKEN

Wer auf der Suche nach kreativer Mode oder Mitbringseln ist, sollte Stadtteile wie **St. Pauli** (Reeperbahn), **St. Georg** (Lange Reihe), **Ottensen** (Bahrenfelder Straße, Ottenser Hauptstraße) oder das **Schanzenviertel** (Schanzenstraße, Schulterblatt) durchstöbern. Vor allem in letzterem findet sich junge, ausgefallene Mode. Viel Schräges und Secondhand wird im **Karolinenviertel** (Marktstraße) angeboten.

Ein exklusives Warenangebot bieten die Gegenden **Eppendorf** (Eppendorfer Landstraße, Eppendorfer Baum), **Winterhude** (Mühlenkamp, Poelchaukamp und Gertigstraße) und **Uhlenhorst** (Papenhuder Straße) an.

MUSIK

Let it rock

Michelle Records Karte 2, H 3
Seit über 30 Jahren gibt es den Laden schon, der sich immer noch das Flair früherer Plattenläden bewahrt hat. Große Auswahl an LPs und CDs, viele Kleinstauflagen jenseits des Mainstreams. Die Schaufensterkonzerte sind sehens- und hörenswert.
Gertrudenkirchhof 10, U 3: Mönckebergstraße

DELIKATESSEN UND LEBENSMITTEL

Alles für die Küche

Cucinaria F 3
Ein Mekka für Hobbyköche und Genießer. Hier findet man fast alles rund ums Thema Kochen wie z. B. Espressomaschinen, Messer, Pfannen, Gewürze und Literatur. Über 6000 Produkte für die Küche stehen zur Auswahl und werden mit fachkundiger und fundierter Beratung verkauft. Im angeschlossenen Café kann bei einem Latte macchiato eine Pause eingelegt werden.
Straßenbahnring 12/Falkenried, U 3: Hoheluftbrücke, Mo–Fr 10–19, Sa 10–18 Uhr

Das perlt

Ratsherren Store Schanze F 5
Auch mal was Gutes aus den Vereinigten Staaten: Die Craft Beer Bewegung hat dort ihren Ursprung und bereits eine große Fangemeinde. Kleinstunternehmer brauen in handwerklicher Tradition Bierspezialitäten, die oft nur regional erhältlich sind. Der Store in der Schanze hat über 400 Sorten vorrätig, beispielsweise Belgisches Kirschbier – gewöhnungsbedürftig, aber mit hohem Suchtfaktor.
Lagerstr. 30a (Schanzen-Höfe), U 3/S 3: Sternschanze, Mo–Sa 12–20 Uhr

Ausgezeichnete Qualität

Mutterland Karte 2, J 2
Die Auszeichnung des HDE »Store of the Year 2009« ist nachvollziehbar: Mutterland bietet ein breites Sortiment heimischer Delikatessen und traditionell hergestellter Lebensmittel. Alles in wunderschönen Verpackungen, das Auge isst ja bekanntlich mit. Im Cafébereich kann man die süßen Köstlichkeiten gleich probieren. Aufgrund des großen Erfolgs gibt es noch Ableger in der Poststraße und in Eppendorf.
Ernst-Merck-Str. 9, U 3/S 3: Hauptbahnhof, Mo–Sa 9–20, Café tgl. 9–24 Uhr

Feine Kost aus aller Welt

Oschätzchen Karte 2, F 2
Das Geschäft ist nach antikem schwedischem Vorbild eingerichtet. Die große Auswahl an Schokoladenspezialitäten ist legendär. Daneben wird ein umfangreiches Sortiment an Ölen & Essigen, Pasta & Pesti, Gewürzen, Tee- & Kaffeesorten vorgehalten. Ein Ort für alle, die ein Faible für das Schöne haben. Neben dem Stammhaus in den Hohen Bleichen gibt es auch eine Filiale im Alsterhaus.
Hohe Bleichen 26, U 2: Gänsemarkt, Mo–Fr 10–19, Sa 10–18 Uhr

FLOH- UND STRASSENMÄRKTE

Schöne Lage

Immenhof K 4/5
Direkt am Kuhmühlenteich findet an vier Sonntagen im Jahr ein Markt statt. Nahezu alles, was das Sammlerherz höher schlagen lässt, wird hier feilgeboten – viel Mode, Porzellan, Antiquitäten und Schmuck im Angebot. Für Hamburger und auswärtige Besucher wohl der schönste Flohmarkt in der Stadt.
Immenhof, zwischen Lerchenfeld und Schürbeker Straße, U 3: Mundsburg, ab 7 Uhr

Für Fashionistas

Lehmweg F 3
Wenn die Eppendorfer ihre Kleiderschränke ausräumen, landet viel von den Designer-Edelklamotten hier auf dem Lehmweg. Die Verkäufer wissen aber auch, was sie haben, entsprechend hoch ist das Preisniveau für einen Flohmarkt. Auch Möbel, Bücher und

CDs kann man hier in ansprechender Qualität finden. Der Markt findet unregelmäßig an ca. vier Sonntagen im Jahr statt.

Lehmweg zwischen Hoheluftchaussee und Falkenried, U 3: Hoheluftbrücke, ab 7 Uhr

Edler Trödel
Turmweg G 4

Der Bürgerverein veranstaltet jeweils an einem Samstag im Mai und September einen Flohmarkt am Turmweg. Die vornehmlich privaten Anbieter aus dem umliegenden feinen Harvestehude verkaufen hier ihren überflüssigen Hausstand. Original Hermès-Tücher, Füllhalter aus dem Hause Montblanc oder Designklassiker aus den Siebzigern lassen sich dann schon mal finden.

Turmweg, U 1: Hallerstraße, ab 6 Uhr

Überdachter Markt
Rindermarkt St. Pauli E/F 6

Dreimal im Jahr findet während der Wintermonate sonntags in der Rindermarkthalle ein großer Flohmarkt statt. Auf dem weitläufigen Parkdeck im Gebäude finden die Besucher ein vielseitiges Warenangebot.

Neuer Kamp 31, U 3: Feldstraße, ab 8 Uhr

GESCHENKE, DESIGN, KURIOSES

Concept Store für Mädels
Chapeau Marén Karte 2, F 5

Schöner Laden in Elphi-Nähe. Große Auswahl an Schmuck, Taschen, Schals, und Hamburg-Souvenirs. Auch Wohnaccessoires – der Renner sind hier die Deko-Kirschen. Die Inhaberin hat ein sicheres Händchen für ausgesucht schöne Dinge.

Am Kaiserkai 56, U 3: Baumwall, Mo–Sa 10–19 Uhr

Der Kulttaschen Laden
Freitag Karte 2, J 4

Der Hamburger Laden war der erste Freitag-Store in Deutschland. Die Einrichtung ist sehenswert. Auf kleinstem Raum werden hier sehr dekorativ Hunderte von Taschen angeboten, von denen keine wie die andere ist. Neben den bekannten Kuriertaschen aus alten Lkw-Planen umfasst das Sortiment mittlerweile auch Handtaschen und Fußbälle.

Klosterwall, U 1: Steinstraße, Mo–Sa 10–19 Uhr

Angesagte Brillenmode
Glassgo F 3

Optiker gibt es jede Menge in der Stadt. Bei Glassgo ist die Auswahl an Gestellen und Sonnenbrillen riesig. Neben zeitlosen Klassikern und trendigen Modellen werden auch Sehhilfen des eigenen Labels Hamburg Eyewear verkauft. Die freundliche und kompetente Beratung weiß die Kundschaft zu schätzen, denn wer einmal hier war, kommt gerne wieder.

Eppendorfer Weg 259, U 3: Eppendorfer Baum, tgl. 10–18.30, Do bis 20, Sa bis 16 Uhr

Süße Verführung
Léonie Corentin Chocolatier F 3

Die beiden Inhaber*innen haben ihr Handwerk in Paris gelernt. Die Ergebnisse können sich sehen lassen und zergehen auf der Zunge: feinste Pralinen, Schokoladentafeln, Nougatvariationen – und das natürlich alles aus eigener Herstellung.

Eppendorfer Weg 266, U 3: Eppendorfer Baum, Mo–Sa 10–19 Uhr

Luxusdüfte in herrlichen Ambiente
Meister Parfümerie G 3

Der Laden kann sich sehen lassen, unter den üppigen Stuckdecken schweben schwere Kronleuchter. Die Wände leuchten in tiefem Bordeauxrot, in den Regalen werden erlesene Düfte, Cremes und Lotionen präsentiert, die es exklusiv nur hier gibt.

Eppendorfer Baum 12, U 3: Eppendorfer Baum, Mo–Fr 10–19, Sa 10–18 Uhr

Die Neunte Kunst
Comics Total G 5

Hier finden Sie eine große Auswahl an deutschen, amerikanischen und franko-belgischen Publikationen sowie

Im Designkaufhaus Stilwerk gibt es alles rund ums Wohnen.

an Mangas. Auch Graphic Novels und antiquarische Titel sind im Angebot. Wer sich für Carl Barks interessiert, ist hier genau richtig: Ladenbesitzer Horst ist Donaldist mit Leib und Seele und weiß alles zum Thema.
Grindelallee 44, Bus 4, 5: Grindelhof, Mo–Fr 11–18, Sa 11–16 Uhr

Bikers Revier
Riders Room E 6
Ein Männertraum. Die Biker-Kultur der 1960er-Jahre lebt hier weiter, Steve McQueen ist das Vorbild. Klassische Jacken und Hosen aus Pferde- und Stierleder, dazu eine große Auswahl an Sonnenbrillen, Schuhen, Gürteln, Handschuhen und Davida-Helmen aus England. The real stuff für coole Säue und ganze Kerle.
Thadenstr. 4, U 3: Feldstraße, Mo–Fr 11–18.30, Sa 11–16 Uhr

Immer der Zeit voraus
Roomservice F 3
Die Inhaber Thesenfitz und Wedekind verkaufen sehr stilsicher und ohne Kompromisse modernes Wohndesign und Accessoires in ihrem Eppendorfer Laden. Teilweise Kleinserien abseits des Mainstreams und Produkte, die ihrer Zeit weit voraus sind. Im Galeriebereich findet man großformatige Bilder auf Leinwand.
Lehmweg 56, U 3: Eppendorfer Baum, Do/Fr 11–18, Sa 11–16 Uhr

Ach, wie niedlich
Steiff Galerie Karte 2, H 3
Alle meine Tiere. Hier kommen Liebhaber der Viecher mit dem Knopf im Ohr voll auf ihre Kosten. Ein großer Teil der Steiff-Kollektion kann bestaunt und erworben werden, von den Bärenklassikern bis hin zu den Limited Editions.
Levantehaus, Mönckebergstr. 7, U 3: Mönckebergstraße, Mo–So 10–18 Uhr

Design aus dem Kaufhaus
Stilwerk D 7
Das alte Mälzereigebäude wurde entkernt, behutsam umgebaut und beherbergt heute Deutschlands erstes Designkaufhaus mit eigenständigen Läden, die Dinge rund ums Wohnen anbieten. Vorbild für die weiteren Stilwerke in Düsseldorf, Berlin und Stuttgart. Alles ist auf hohem Niveau einschließlich der Preise.
Große Elbstr. 68, S 3: Reeperbahn, Mo–Fr 10–19, Sa 10–18 Uhr

Made in Hamburg

The Art of Hamburg Karte 2, D/E 4
Im kleinen Künstlerkaufhaus gibt es fantasievolle und maritime Liebeserklärungen an die Hansestadt zu kaufen. Absoluter Renner sind die Hamburgschiffchen-Objekte und das von Frank Bürmann eigens beschmierte Maschinisten-Shirt.
Ditmar-Koel-Str. 19, U 3/S 3: Landungsbrücken, weitere Filiale: Lange Reihe 48 im Viertel St. Georg, Bus 6, 17, 18: Gurlittstraße, jeweils Mo–Do 12–18, Fr/Sa 11–19 Uhr

Schreib mal wieder

Waltraut Bethge Karte 2, F 2
Der siebte Himmel für Freunde der erlesenen und feinen Schreibkultur: Alte und neue Füllfederhalter, feinste Papiere in allen Farbschattierungen, Ledereetuis aus eigener Fertigung und natürlich die berühmten Smythson-Notizbücher.
Hohe Bleichen 25, U 2: Gänsemarkt, Mo–Fr 10–19, Sa 10–18 Uhr

MODE, ACCESSOIRES

Bezahlbarer Urban Look

Angelo's F 3
Bezahlbare lässige Mode für Sie und Ihn, meist italienischer Herkunft. Schuhe, Taschen und Accessoires runden das Angebot ab.
Eppendorfer Weg 217, U 3: Hoheluftchaussee, Mo–Fr 11–19, Sa 11–18; es gibt noch einen weiteren Laden in Ottensen (Ottenser Hauptstr. 44, S: Altona).

Alta Moda Italiana

Anita Hass G 2
Milano in Amburgo! Eine der Topadressen in der Stadt. Die Mode, die hier verkauft wird, kann sich sehen lassen: nur Prada und Consorten, vorwiegend aus Italien. Bei Rabattaktionen auch für Normalverdiener bezahlbar.
Eppendorfer Landstr. 60, U 1, 3: Kellinghusenstraße, Mo–Fr 10–19, Sa 10–18 Uhr

Qualität hat ihren Preis

Budapester Schuhe Karte 2, G 3
Der Name ist Programm, für den Herrn gibt es bei hier rahmengenähte Klassiker, wie die sündhaft teuren Cordovan-Schuhe von Alden, die ein Leben lang halten können. Für die Damen wird Glitz und Glamour von Dolce, Prada und Dior angeboten. Zweimal im Jahr gibt es hier einen Schlussverkauf mit deutlich ermäßigten Preisen. Die Modelle sind meist aus der vorherigen Saison und vom Preis her interessant.
Neuer Wall 30, U 1/S 1: Jungfernstieg, Mo–Fr 10–19, Sa 10–18 Uhr

Maritimes im The Art of Hamburg

We are British

Conrad Hasselbach G 3
Textilien und Schuhe ›made in Britain‹. Alles, was schön, klassisch und von der Insel kommt, wird bei Hasselbach angeboten. Große Auswahl an rahmengenähtem Schuhwerk, Krawatten, Tüchern und Leder-Accessoires.
Klosterstern 2, U 1: Klosterstern, Mo–Fr 10–19, Sa 10–16 Uhr

Autors Liebling

Stone Island Karte 2, F 3
Das Konzept von Stone Island ist seit über 30 Jahren erfolgreich. Die Marke genießt Kultstatus und bietet klassisch/moderne Streetwear-Fashion aus innovativen Materialien. Nicht gerade preiswert, aber wozu gibt es den Sale. Kompetente und äußerst freundliche Beratung. Mein Lieblingsladen in der City, wenn es um Mode geht.
Hohe Bleichen 22, U 2: Gänsemarkt, Mo–Fr 10–19, Sa 10–18 Uhr

Herr der Streifen

Paul Smith Karte 2, F 3
Der sehenswerte Showroom ist die einzige Dependance in Deutschland

von Sir Paul Smith. Sein Markenzeichen: »Classic with a Twist« und natürlich die bunten Streifen. Diese finden sich auf Schals, Kaffeetassen und auf einem von ihm verfeinerten Mini Cooper.
Hohe Bleichen 15, U 2: Gänsemarkt, Mo–Sa 11–18 Uhr

Bester Secondhand in der Stadt
d'or Hamburg G 3
Hier findet man immer das Besondere. Hochwertige Designermode zu angemessenen Preisen, das Angebot wechselt häufig. Daneben im Shop-in-Shop werden feinste Schuhe, dekorative Antiquitäten fürs Zuhause und ausgewählte Schmuckstücke angeboten.
Eppendorfer Baum 6, U 1: Klosterstern, Mo–Fr 10–19, Sa 10–18 Uhr

Immer schön trendy
Thomas I Punkt Karte 2, H 3
Seit über 40 Jahren beweist man hier feines Gespür für Trends und Marken. Große Namen wie Armani, Yamamoto, Comme des Garçons und Paul Smith wurden hier zuerst gezeigt. Große Auswahl an Sneakers, Clubwear und der Eigenmarke OMEN, die in Hamburg gefertigt wird. Ein zweites Geschäft befindet sich am Gänsemarkt 24, der Laden lohnt schon allein wegen seiner sehenswerten Einrichtung.
Mönckebergstr. 21, U 3: Mönckebergstr., Mo–Sa 10–19 Uhr

Ivy League Style
Uniqlo Karte 2, G 3
Die Marke ist bekannt für ausgezeichnete Qualität zu erschwinglichen Preisen. Klassiker wie Chinos, T-Shirts, Button-down-Hemden gibt es in großer Auswahl, aber auch Limited Editions von Jil Sander.
Alter Wall 2, U 3: Rathaus, Mo–Sa 11–20 Uhr

TRADITIONSGESCHÄFTE

Ab in die Tropen
Ernst Brendler Karte 2, G 4
Wenn einer eine Reise in die Tropen tut, muss er vor allem gut vorbereitet sein. Kein Problem, Brendler hilft. In diesem Traditionshaus wird einfach alles angeboten, was zur professionellen Ausrüstung einer solchen Reise gehört. Vom Tropenhelm über Marine-Bekleidung und Safarijacke bis hin zum Moskitonetz.
Große Johannisstr. 15, U 3: Rathaus, Mo–Fr 11–17, Sa 11–16 Uhr Uhr

S
SOUVENIRS

Wer ein traditionelles Souvenir aus Hamburg erstehen möchte, ist gut beraten, sich in den großen Kaufhäusern oder an den Kiosken an den Landungsbrücken umzusehen. Hier gibt es Bildbände, Leuchttürme, Labskaus in Dosen, Mützen sowie Hamburger Elbkiesel im Glas.
Ganz aktuell sind natürlich Souvenirs zum Thema Elphi: Uhren, Becher, 3D-Klappkarten, Schneekugeln, Keks-Ausstechform, Bücher und vieles mehr.

Hüte und Mützen
Falkenhagen Karte 2, G 4
Hutmacherei in der dritten Generation. Hier gibt es die berühmten Elbsegler, die den Prinz-Heinrich-Mützen ähneln, aber nicht so steif sind. Bereits Freddy Quinn und Helmut Schmidt kauften bei Falkenhagen ihre Kopfbedeckung, auch Udo Lindenberg und Jan Delay schauen hier vorbei.
Schauenburgerstr. 47, U 3: Rathaus, Mo–Fr 10–19, Sa 10–18 Uhr

Britisch-hanseatisch
Ladage & Oelke Karte 2, G 3
Gediegen hanseatisch ist hier nicht nur die Einrichtung, sondern auch das Angebot. Klassische, hanseatisch-englische Mode eigener Anfertigung. Harris-Tweed-Sakkos, handgefertigte Schuhe und die in Hamburg geschätzten Dufflecoats.
Alter Wall 22, U 3: Rathaus, Mo–Fr 11–19, Sa 10–18 Uhr

In Hamburg sind die Nächte lang

Die Stadt kennt am Wochenende keine Sperrstunde, an Wochentagen gilt sie von 5–6 Uhr (sogenannte Putzstunde). Wer genug Energie hat, kann die Nacht zum Tag machen. Durchhaltevermögen wird auch gebraucht, denn Hamburg hat keinen zentralen Ausgehbezirk. Dafür aber mehr als 4100 Lokale – Kneipenweltrekord!

In der City geht es eher ruhig zu, After Work Clubs, wie das Café Schöne Aussichten im alten Botanischen Garten, das Sausalitos im Chilehaus oder das Ciu' an der Binnenalster sind die Ausnahmen. Der Großneumarkt bietet eine große Auswahl an Kneipen rund um den Platz.

Bodenständig und edel, in Ottensen und Altona finden Sie beides. In der Fabrik in der Barnerstraße rund um die Gegend um die Bahrenfelder Straße herum geht es meist alternativ und ohne Allüren zu. Entlang der Großen Elbstraße haben sich Kneipen und Restaurants etabliert, die den Ansprüchen der coolen Pistengänger gerecht werden. Aber spätestens in der Haifischbar unten am Fischmarkt fällt auch dem letzten Besucher auf, dass Altona auch ein Hafen- und Arbeiterviertel ist.

Übrigens: Die Zeiten, als das Onkel Pö in Eppendorf Mittelpunkt der Hamburger Musik-Szene war, sind lange vorbei, und Live-Musik-Clubs gibt es in der Gegend dort leider auch nicht mehr.

Live on stage: Sängerin beim Reeperbahnfestival

ZUM SELBST ENTDECKEN

Entlang der Reeperbahn und auf dem Hans-Albers-Platz fällt man in **St. Pauli** buchstäblich von einer Kneipe in die nächste. Auf der Großen Freiheit vermischen sich die alteingesessen Erotik- und Travestiebars mit Hard-Rock-Treffs, angesagten Dance- und House-Locations.

Das **Karo- und Schanzenviertel** gehört zum nördlichen Teil von St. Pauli. In der Gegend um Schanzenstraße und Schulterblatt befinden sich jede Menge Kneipen, Bars, Clubs und Cafés. Hotspot für die Jungen.

Das Eldorado der Gay People ist **St. Georg**. Rechts und links der Langen Reihe liegen über 40 Restaurants, Bars und Cafés für vorwiegend schwules Publikum. Im Viertel befinden sich auch das Deutsche Schauspielhaus und das wiedereröffnete Hansa Varieté Theater.

BARS UND KNEIPEN

Legendärer Nachtclub

Angie's Nightclub im Tivoli Karte 2, C 4

Im ersten Stock des Tivoli befindet sich der Laden, der beim jung gebliebenen Publikum beliebt ist. Der Barchef wirbelt die Cocktail-Shaker und kreiert über 100 Drinks für jeden Geschmack. Bei Dance-Classics ist es auf der kleinen Tanzfläche ganz entspannend.

Spielbudenplatz 27, www.tivoli.de, U 3: St. Pauli, Fr/Sa ab 22 Uhr bis open end

Garantiert gute Stimmung

Bellini Bar J 6

Italienisches Flair, Europop und eine lockere Atmosphäre haben die Bar zu einem beliebten Treff der Hamburger Gay Szene gemacht. Im Sommer vierwöchige Beachparty mit Strandsand.

Danziger Str. 63, www.bellini-bar-hamburg.de, U 1/S 1: Hauptbahnhof, Mo–Sa ab 18 Uhr

Schöne Aussicht

Jahreszeiten Bar Karte 2, G 2

Die Cocktailbar in den Räumlichkeiten des Hotels Vier Jahreszeiten verführt mit klassischem Bar-Ambiente. Junge und Junggebliebene läuten hier den Abend ein oder lassen ihn ausklingen. In den hinteren Räumen befindet sich das Nikkei Nine Restaurant mit einem erstklassigen Ruf. Eine Reservierung kann nicht schaden, wenn man hier essen möchte.

Neuer Jungfernstieg 9–14, www.hvj.de, U 1/S 1: Jungfernstieg, tgl. 17–1 Uhr

Cocktailbar

Generation-BAR J 6

Kurz G-BAR genannt, gibt es hier neben den wirklich leckeren Cocktails gut aussehende Kellner und häufig Musik mit DJs. Füllt sich in der Regel erst gegen Abend mit Gästen. Die großen Schaufenster werden im Sommer zur Straße hin geöffnet, dann herrscht mediterrane Ausgelassenheit.

Lange Reihe 81, www.generation-bar.de, U 1/S 1: Hauptbahnhof, tgl. ab 16 Uhr

Angesagter Treff

Café Gnosa J 5

Der hervorragende Kuchen und die Mittags- und Abendgerichte erklären nur einen Teil des Erfolgs, denn das Gnosa ist schon seit Jahren bei der schwulen Kundschaft angesagt. Die familiäre Atmosphäre macht's, man kennt sich schließlich aus der Nachbarschaft. Das Café besitzt zudem eine Sightseeing-Terrasse, die in den Abendstunden immer brechend voll ist.

Lange Reihe 93, www.gnosa.de, U 1/S 1: Hauptbahnhof, tgl. 10–23 Uhr

RESERVIERUNG

Nach New York und London steht Hamburg an dritter Stelle, was die Anzahl der Musicalbesucher betrifft. Der große Andrang hat allerdings zur Folge, dass die Karten für Musicaltheater, Operettenhaus, Neue Flora und Theater im Hafen frühzeitig im Kartenvorverkauf reserviert werden sollten.

Alsterhaus Theaterkasse:
T 040 35 35 55
Hamburg Tourismus:
T 040 30 05 13 00
www.hamburgischestaatsoper.eu
www.stage-entertainment.de
www.ticketmaster.de

Bayerische Lebensart

Landhaus Walter J 1

Mitten im Stadtpark liegt das Landhaus Walter mit dem größten Biergarten in ganz Norddeutschland. Und wenn es im Sommer in den Abendstunden mal wieder tropisch-warm wird, sind frisch gezapftes Bier und Bratwürste vom Grill im Schatten der wunderschönen Linden immer eine verführerische und durchaus angemessene Option. Von Mai bis September finden sonntags Frühschoppen Konzerte statt, der Eintritt ist frei.

Otto-Wels-Str. 2, www.eventcenter-hamburg.de, U 3: Borgweg, Öffnungszeiten Biergarten: Di–Sa ab 15, So ab 12 Uhr

Stilvolle Theaterbar

Nachtasyl Karte 2, H 3

Unter dem Dach des Thalia Theaters liegt eine der angenehmsten und äußerst geschmackvoll eingerichteten Bars der Stadt. Veranstaltungen wie Lesungen oder Konzerte begeistern das anspruchsvolle Publikum, natürlich auch ein Ort für ein Getränk.

Alstertor 1, nachtasyl.de, U 1/S 1: Jungfernstieg, tgl. ab 19 Uhr

Wein und mehr

Polettos Winebar F 2

Sehen und Gesehen werden, bei Weinfreunden und der Szene gleichermaßer angesagter Hot Spot. Leichte mediterrane Küche, die zu Wein und Bier passt.

Eppendorfer Weg 287, www.poletto-winebar.de, U 3: Eppendorfer Baum, Mo–Fr 12–23, Sa/So 17–23 Uhr

Alter Pferdestall

Ponybar G 5

Früher wurden hier Pferde gehalten, heute ist der Ort ein angesagter Treff auf dem Campus. Tagsüber Studenten-Café, abends wird ein vielseitiges Kulturprogramm von Livekonzerten bis hin zu Lesungen geboten.

Allende-Platz 1, www.ponybar.com, U 1: Stephansplatz, Mo–Fr ab 10, Sa/So ab 12 Uhr, jeweils open end

LIVEMUSIK

Cool Cats

Birdland E 3

Der Name ist Programm. Hier wird Jazz gespielt, was auch sonst. Donnerstags wird kräftig gejammt und improvisiert. Regelmäßig finden Konzerte statt. Der Besuch lohnt.

Gärtnerstr. 122, www.jazzclub-birdland.de, Bus: 5 bis Gärtnerstraße, Mi–Sa ab 19 Uhr

Dixieland

Cotton Club Karte 2, E/F 3

In Hamburgs ältestem Jazzkeller wird viel Dixieland, Oldtime Jazz und Hot Jazz gespielt. Auch Soul und Blues stehen auf dem Programm. Woody Allen würde sich hier sicherlich wohlfühlen und seine Klarinette anstimmen.

Alter Steinweg 10, www.cotton-club-hamburg.de, S 1: Stadthausbrücke, Mo–Sa ab 20 Uhr, So Frühschoppen 11–14.30 Uhr

Breites Angebot

Fabrik C 6

Ein Klassiker in Sachen Live-Musik in Hamburg. In der ehemalige Munitionsfabrik ist das Angebot breit gefächert – von Pop über Soul, Folk, Jazz bis hin zur Weltmusik. Der NDR ist schon mal zu Gast und überträgt die Highlights.

Barnerstr. 36, www.fabrik.de, S 1: Altona, tgl. ab 20 Uhr

Große Konzertbühne

Große Freiheit 36 Karte 2, B 3

Größter Club der Stadt und Veranstaltungsort für Rock- und Popkonzerte.

Große Freiheit 36, www.grossefreiheit36.de, S 1: Reeperbahn, Do–Sa meist ab 22 Uhr

Rock-Pop

Logo G 5

Die Institution im Univiertel, viel Rock, Pop und Independent. Moderate Preise und eine ansehnliche Liste von international bekannten Bands, die hier schon gespielt haben, bescheren dem Logo eine treue Fangemeinde.

Grindelallee 5, Rotherbaum, www.logohamburg.de, Bus: 4/5 bis Staatsbibliothek, Mi–So ab 20 Uhr

Vielseitig

Markthalle Karte 2, J 4

Zentrum für Musikdarbietungen jeglicher Stilrichtung. Gelegentlich auch Theaterveranstaltungen und Comic-Tauschbörsen.

Klosterwall 11, www.markthalle-hamburg.de, U 1: Steinstraße, Öffnungszeiten meist ab 21 Uhr

Klassisch

Laeiszhalle/Musikhalle

Karte 2, E 2

In der 1908 eröffneten Musikhalle finden klassische Konzerte statt. Das Philharmonische Orchester, die Hamburger Symphoniker und das Symphonieorchester des Norddeutschen Rundfunks

geben hier neben internationalen Orchestern und Solisten ihr Gastspiel.
Johannes-Brahms-Platz, www.laeiszhalle.de, U 2: Messehallen

MUSICALS UND VARIETÉ

Hamburg ist die Musical-Hauptstadt in Deutschland. Auch die für die Stadt typischen Shows und Varietés finden ihr Publikum. Hier die Highlights der Saison:

Auf dem Tisch tanzen

Dollhouse Karte 2, B 3
Ganz nach dem Vorbild aus den Staaten tanzen und räkeln sich perfekte Körper auf dem Tresen, zwischen Eisenstäben und auf den Showbühnen. Der Renner bei Junggesellen-Abschiedsabenden.
Große Freiheit 11, www.dollhouse.de, S 3: Reeperbahn, tgl. ab 21 Uhr

Varieté-Geschichten

Hansa Varieté Theater J 6
Eine Sensation seit 120 Jahren: In dem deutschen Varieté-Klassiker traten 1964 Siegfried und Roy – noch völlig unbekannt – das erste Mal in Hamburg auf.
Steindamm 17, www.hansa-theater.com, U 3/S 1: Hauptbahnhof, während der Spielzeit tgl. ab 19.30, So oft ab 14.30 Uhr

Wünsche aus der Wunderlampe

Neue Flora D 5
Für das »Phantom der Oper« wurde der aufwendige Bau unter Protest errichtet. Nach Erfolgsstücken wie »Titanic«, »Tarzan«, »Disney's Aladin« und »Wicked« mit den Hexen von Oz läuft aktuell »Mamma Mia!« mit den Hits von Abba. Der Musical-Klassiker sorgt für garantiert gute Laune und ausgelassene Stimmung.
Stresemannstr. 159 a, www.stage-entertainment.de, S 3: Holstenstraße

Vielseitiges Programm

Schmidts Tivoli Karte 2, C 4
Hier ist die Grenze zwischen Kabarett, Show und Varieté fließend. In dem schönen Theatersaal werden die »Schmidt-Mitternachtsshow«, »Heisse Ecke«, »Die Königs vom Kiez« und »Schmidt Mitternachtsshow« gespielt. Gastspiele von bekannten Comedians.
Spielbudenplatz 24, www.tivoli.de, U 3: St. Pauli

N
NOCH WAS

Reeperbahn Festival
Das mehrtägige Clubfestival rund um die Reeperbahn findet 2022 zum 17. Mal statt. Es zählt zu den wichtigsten Musikevents weltweit. In über 70 Locations werden neben Live-Acts, Kunst und Veranstaltungen des Musik-Business geboten (Ende September, www.reeperbahnfestival.com).

Hinterm Horizont gehts weiter

Stage Operettenhaus Karte 2, C 4
14 Jahre lang waren hier die »Cats« aus dem Häuschen, dann liefen die Hits von Udo Jürgens unter dem Motto: »Ich war noch niemals in New York«, »Sister Act« und die Leinwandgeschichte von Rocky Balboa. Dann kehrte das Phantom zurück auf der Bühne mit »Liebe stirbt nie – Phantom II«. Nach »Hinterm Horizont« wird jetzt »Hamilton« gespielt: Alexander Hamilton war einer der Gründungsväter der USA. Noch heute ziert sein Porträt jede 10 Dollar-Banknote. Die erstaunliche Karriere und Lebensgeschichte wird dem Publikum spielerisch nahe gebracht.
Spielbudenplatz 1, www.stage-entertainment.de, U 3: St. Pauli

Charmantes Kindermädchen

Theater an der Elbe F 8
Gleich neben dem Löwen wird der Broadway-Erfolg »Frozen« gezeigt. Die deutsche Adaption »Disneys Die Eiskönigin« erzählt die Geschichte der beiden Schwestern Elsa und Anna: Von Haus aus Prinzessinnen aus dem Königreich Arendelle, erfahren die beiden Tragik, Geschwisterliebe, Loyalität – und natürlich auch ein Happy End.
Norderelbestr. 8, im Freihafen, www.stage-entertainment.de

Gut gebrüllt, Löwe

Stage Theater im Hafen F 8

Afrika am Elbufer. Mit dem Schiffs-Shuttle ab St.-Pauli-Landungsbrücken geht's über die Elbe zum »König der Löwen«. Das Musical rührt die Herzen der großen und kleinen Musicalfans. Die musikalischen Klänge aus Popmusik von Sir Elton John und original afrikanischen Rhythmen muss man gehört haben.

Norderelbestr. 6, im Freihafen, www.stage-entertainment.de

TANZEN

Legende & Kiez-Klassiker

Grünspan E 6

Live-Acts sind die fast einzige Verbindung zur Moderne. Am Wochenende schallt Rock aus den Megaboxen. Und wie früher ist der Laden von süßlichem Geruch erfüllt. 1968 wurde das ehemalige Kino zur Discothek umgestaltet. Stark frequentiert – klassische Stätte auf St. Pauli.

Große Freiheit 58, www.gruenspan.de, S 3: Reeperbahn, Fr/Sa ab 23 Uhr, Liveacts wochentags ab 19 Uhr

Abwechslungsreiches Programm

Kaiserkeller Karte 2, B 3

Im Keller gegenüber der katholischen Kirche wird in Scharen zu Rock und Independent abgedanct. Sonntag ist Oldie-Tag – mit Musik, zu der die heute 35- bis 40-Jährigen schon als Teenies getanzt haben.

Große Freiheit 36, www.grossefreiheit36.de, S 3: Reeperbahn, Fr/Sa ab 22 Uhr

Die Legende ist zurück

Mojo Club Karte 2, D 3

Der Club von 1989 war weit über Hamburg hinaus wichtiger Wegbereiter für den Dancefloor Jazz. 2003 wurde der Mojo Club geschlossen, das Gebäude später abgerissen. Heute kann in den Untergeschossen der Tanzenden Türme, so heißt das Gebäude am östlichen Anfang der Reeperbahn, wieder gefeiert werden. Daneben gibt es auch ein Mojo-Café (Do–Sa ab 18 Uhr).

Reeperbahn 1, www.mojo.de, U 3: St. Pauli, Fr/Sa ab 23 Uhr, Veranstaltungen auf der Website

Szenetreff für Gleichgesinnte

Toms Saloon J 6

Mit 700 m² Amüsierfläche nach Betreiber-Angaben das größte Schwulenparadies des Nordens. Hier stehen den Mega-Boys Lederbar, Cruising-Area und Darkroom zur Verfügung. Ständige Ausstellung mit Bildern von Tom of Finland. Der Künstler hatte zur Eröffnung von Toms 1974 in der Galerie direkt auf die Wand gemalt (heute hinter Glas).

Pulverteich 17, www.toms-hamburg.de, U 3/S 1: Hauptbahnhof, tgl. 20–3 Uhr

Im Bunker spielt die Musik

Uebel & Gefährlich F 6

Im vierten Stock des alten Luftschutzbunkers zieht es das Szenepublikum zu Clubevents, Konzerten oder Lesungen. Wer mutig ist, kann noch weiter hoch und auf der Dachterasse feiern. Das aktuelle Programm steht im Veranstaltungsteil der Tagespresse und auf der Homepage.

Feldstr. 66, www.uebelundgefaehrlich.com, U 3: Feldstraße, Öffnungszeiten variieren

Feiern unter der Brücke

Waagenbau E 5

In dem fensterlosen Backsteingemäuer unter der S-Bahnbrücke vibriert die Szene. Wechselnde DJs machen Musik von Reggae, Hip-Hop, Techno, Rock bis Soul. 2023 ist ein Umzug in das Clubhaus gegenüber geplant.

Max-Brauer-Allee 204, www.waagenbau.com, Öffnungszeiten variieren, Bus: 20 bis Max-Brauer-Allee

Party, Party

Wunderbar Karte 2, C 3

Partymusik aus den 1970er-Jahren. Besonders an Samstagen feiern Schlagergrößen wie Rex, Bata, Christian und Marianne ihr ultimatives Comeback auf dem Plattenteller. »Licht aus, Spot an!«

Talstr. 14, www.wunderbar-hamburg.de, U 3: St. Pauli, tgl. ab 22 Uhr

THEATER, OPER, KLEINKUNST UND MEHR

Theater

Im erfolgreichen Staatstheater **Thalia** (✪ Karte 2, H 3, www.thalia-theater.de) werden klassische Vorlagen modern interpretiert und inszeniert. Auch Provokantes kommt hier auf die Bühne, wie Inzenierungen von Robert Wilson. Klassisches bis Avantgarde wird im **Deutschen Schauspielhaus** (✪ H 6, www.schauspielhaus.de) gespielt. Unter Gustaf Gründgens entwickelte sich das Hamburger Schauspielhaus in den 1950er- und 1960er-Jahren zur führenden Sprechbühne Deutschlands, später sorgten Regisseure wie Peter Zadek für Skandale. Ganz auf Boulevard wird in der Komödie **Winterhuder Fährhaus** gesetzt (✪ G 1, www.komoedie-winterhuder-faehrhaus.de). Ein Ableger der Berliner Komödie am Ku'damm. Bekannte TV-Größen treten hier häufiger auf. Volkstümlich geht es im **Ohnsorg-Theater** (✪ Karte 2, J 2) zu (www.ohnsorg.de), natürlich schnackt man dort Missingsch, eine Variante des Platt. Es gibt aber auch Aufführungen auf Hochdeutsch, die dann mitunter im Fernsehen übertragen werden. Der Komödie verschrieben hat sich das **Schmidt-Theater** (✪ Karte 2, C 4, www.schmidts.de). Das Innere des Theaters zeigt gemäßigten 1950er-Jahre-Plüsch, der Spielplan ist witzig, spritzig und frech. In der Nähe werden in Hamburgs ältestem Theater, dem **St. Pauli-Theater** (✪ Karte 2, C 4, www.st-pauli-theater.de), seit über 150 Jahren Boulevardstücke, Musicals, Klassisches und Unterhaltsames gespielt.

Oper

Ein wunderschönes Privattheater ist die **Hamburger Kammeroper** (✪ D 6, www.hamburger-kammeroper.de), die mehrmals im Jahr Inszenierungen nach dem Vorbild von Barockopern bietet. Die treue Fangemeinde dankt es dem Gründer Uwe Deeken mit zahlreichem Erscheinen. Von überregionaler Bedeutung ist die **Hamburgische Staatsoper** (✪ Karte 2, G 2, www.hamburgische-staatsoper.de). Herausragende Inszenierungen mit internationalen Stars. John Neumeier und sein Ballett-Ensemble sind seit Jahrzehnten fester Bestandteil.

Kleinkunst und Off-Bühnen

Das **Fundus Theater** (✪ östl. K 5, www.fundus-theater.de) präsentiert Puppentheater vom Allerfeinsten, nicht nur für Kinder. Die leichte Muse ist im **Hamburger Engelsaal** präsent (✪ Karte 2, F 2, www.engelsaal.de), Kammeroperette und heitere Musikrevuen wie »Die Fledermaus« oder »My Fair Lady« stehen in der Spielstätte auf dem Programm. Experimentierfreudiger ist man dagegen auf **Kampnagel** (✪ J 3, www.kampnagel.de), die ehemalige Kranfabrik ist das Symbol der Freien Theaterbewegung schlechthin. Das **Schiff** (✪ Karte 2, G 4) ist ein Urgestein der Kleinkunst- und Theaterszene. Eberhard Möbius präsentiert seit 1976 auf seinem fest verankerten Theaterschiff neben Kabarett überwiegend Literarisches (www.theaterschiff.de).

Kino

Hamburgs erstes Programmkino **Abaton** (✪ G 5, www.abaton.de) zeigt anspruchsvolle Filmkunst, teilweise im Original mit Untertiteln. Riesig ist das **CinemaxX** (✪ G 5, www.cinemaxx.de). Das größte Kino der Stadt bietet zum Hauptfilm in Kino 1 eine rasante Lasershow. Im **Holi-Kino** (✪ F 3) wird Kinokultur erlebbar (holi-kino-hamburg.kino-zeit.de): schönes Lichtspielhaus, das in puncto Ausstattung, Komfort und Filmkunst Maßstäbe gesetzt hat. Im **Savoy Filmtheater** (✪ J 6) werden originalsprachliche Filme gezeigt (www.savoy-filmtheater.de), bequeme Ledersessel sorgen für Beinfreiheit.

Hin & weg

Ankunft

... mit dem Flugzeug
Flughafen Fuhlsbüttel (HAM, 🕮 4): T 040 507 50, www.airport.de. Hamburgs Flughafen ist etwa 10 km von der City entfernt. Die S-Bahn-Linie S 1 fährt im 10-Min.-Takt und braucht 25 Min. vom Hauptbahnhof zum Airport bzw. zurück, bequemer ist die Innenstadt nicht zu erreichen, die Fahrt beträgt 3,50 €. Ein Taxi kostet ca. 35 €.

... mit dem Zug
Hamburg ist gut zu erreichen. Sämtliche InterCity- und EuroCity-Züge im Nord-Süd-Verkehr fahren über die Stadt. Es gibt vier Bahnhöfe: den Hauptbahnhof direkt in der Innenstadt, Dammtor, Altona und südlich der Elbe den Harburger Bahnhof. T 030 29 70 (automatische Fahrplanauskunft), www.bahn.de.

... mit dem Bus
Der **Zentrale Busbahnhof** (🕮 J 6) befindet sich im Stadtzentrum, nur wenige Schritte vom Hauptbahnhof entfernt. Es bestehen Verbindungen zu zahlreichen europäischen Städten. Zentraler Busbahnhof (🕮 J 6): Adenauerallee 78, T 040 24 75 76, www.zob-hamburg.de

Informationen

Hamburg Tourismus GmbH (🕮 2, F 3): Wexstr. 7, T 040 30 05 17 01, www.hamburg.de, www.hamburg-tourism.de
Tourist-Information (🕮 Karte 2, J 3): Hauptbahnhof, Ausgang Kirchenallee, tgl. 9–17 Uhr
Am Hafen/Landungsbrücken (🕮 Karte 2, D 4): zwischen den Brücken 4 und 5, Do–So 11–16 Uhr
Hamburg-Hotline der HHT (Hamburg-Tourismus): T 040 30 05 17 01, Auskünfte, Tipps und Adressen, Hotelreservierungen, Pauschalarrangements. Außerdem Eintrittskarten/Gutscheine für Musical, Theater etc.

U-Bahn-Station Landungsbrücken: Bahnhof am Wasser

HAMBURG IM NETZ

www.hamburg.de: Die offizielle Website der Stadt mit nützlichen Informationen. Außerdem Buchung von Musical- und Theaterkarten, Hotelübernachtungen und Veranstaltungen
www.hamburg-web.de: Seite mit aktuellem Hamburg-Magazin, Stadtführer und Branchenbuch. Mit vielen Adressen und Empfehlungen zum Thema Ausgehen, Schlafen, Essen und mehr
www.hamburg-magazin.de: Auch hier findet sich alles, was man für eine gelungene Städtereise brauchen kann: Tipps, Adressen, Veranstaltungstermine
www.hvv.de: Homepage des Hamburger Verkehrsverbunds. Mit Streckenplänen und Tarifübersichten für alle öffentlichen Verkehrsmittel der Stadt zum Herunterladen – Busse, U-Bahn und Alsterfähren
www.mopo.de: Hamburgs Morgenpost im Internet mit aktuellen Infos zum Stadtgeschehen und vielen Adressen zum Kultur- und Freizeitleben der Hansestadt inkl. Kommentar
www.abendblatt.de: Hamburgs Tageszeitung im Netz. Nachrichten aus Hamburg und aller Welt. Immer aktuell. Für viele Artikel Paywall
www.szene-hamburg.com: Gute Szene- und Ausgehtipps finden sich auf der Seite des gleichnamigen Stadtmagazins
www.geheimtipphamburg.de: aktuelles zu Gastro, Läden und Locations
www.hafen-hamburg.de: Mehrsprachige Seite mit Daten und Fakten sowie Hintergrundberichten rund um den Hamburger Hafen. Sehr informativ
www.reeperbahn.de: Kneipen, Kultur, Restaurants und Mode. Hamburgs bekannteste Meile im Web
www.prinz.de: Veranstaltungsmagazin prall gefüllt mit Terminen und Tipps

REISEN MIT HANDICAP

Fahrdienst für Behinderte:
Stambula Fahrservice:
T 040 20 00 11 11

Informationen liefert die Website www.hamburg.de/behinderung.

HAMBURG CARD

Mit der Hamburg CARD kann man preisgünstig die Stadt entdecken. Ab 10,90 € am Tag/Person ist die Karte ein praktisches Entdeckerticket und gewährt freie Fahrt mit Bus und Bahn im Hamburger Verkehrsverbund. Sie ist für den gesamten Großbereich gültig – da lohnt es sich, das Auto stehen zu lassen. Die Karte berechtigt außerdem zu ermäßigtem Eintritt bei Sehenswürdigkeiten, Museen und bietet bis zu 50 % Rabatt bei über 160 Angeboten wie Hafen-, Alster- und Stadtrundfahrten. Die Karte gibt es bei den Touristeninformationen, in vielen Hotels, außerdem an den HVV-Fahrkartenautomaten, in Bussen sowie in Reisebüros. Sie kann auch telefonisch oder online bei der Hamburg-Hotline (► S. 110) bestellt werden.

SICHERHEIT UND NOTFÄLLE

Hamburg hat wie jede Großstadt natürlich auch Ecken, die man als Besucher besonders in den Abendstunden besser meiden sollte. Die Rückseite des Hauptbahnhofs gehört dazu, bestimmte Straßen in St. Georg und auf St. Pauli. Nächtliche Bahnfahrten wie in den Süden Hamburgs Richtung Harburg oder in der S 1 zwischen Landwehr und Poppenbüttel und der S 3 zwischen Hammerbrook und Neugraben sollte man sich möglichst sparen. Auf diesen Strecken sitzt der Fahrgast nachts nicht selten ganz alleine im Abteil.

Polizei: T 110
Notarzt, Feuerwehr: T 112
Ärztlicher Notfalldienst: T 116 117
Zahnärztlicher Notdienst: T 0180 505 05 18

Pannenhilfe: ADAC T 089 20 20 40 00; ACE T 0711 530 34 35 36
Fundbüro: Luruper Chaussee 125, **T 040 42 81 13 501**
EC/Kreditkartensperrung: T 116 116

UMWELTFREUNDLICH UNTERWEGS

Bus und Bahn
Am besten lernt man Hamburg mit den öffentlichen Verkehrsmitteln des Hamburger Verkehrsverbunds (HVV) kennen. Mit einem Fahrschein oder der Hamburg CARD können alle Verkehrsmittel in Hamburg und in weiten Teilen des Hamburger Umlandes genutzt werden. Die Bahnen verkehren von morgens 4.30 bis abends fast 1 Uhr. Der Preis eines Tickets richtet sich nicht nach der Anzahl der Haltestellen, sondern nach Tarifzonen. Einzel- und Tageskarten sind am Fahrkartenautomaten oder beim Busfahrer erhältlich. Einzelfahrschein ab 1,80 €, Ganztagsticket ab 8,20 €, Hamburg CARD ab 10,90 €/Tag. Alle aktuellen Informationen und Fahrpläne zu den öffentlichen Verkehrsmitteln der Stadt sind zu erfahren unter www.hvv.de oder T 040 194 49.
Taxis
In Hamburg gibt es fast 3500 Taxen, im Zentrum braucht man daher in der Regel nicht lange zu warten, bis ein freies vorbeikommt. Zur Rushhour kann es schon etwas länger dauern. Die Grundgebühr beträgt 4,20 €, die Kilometerpreise richten sich nach der gefahrenen Strecke und liegen im Durchschnitt bei ca. 2,20 €. Hansa-Taxi, T 040 21 12 11; Taxi Hamburg, T 040 66 66 66; Das Taxi, T 040 22 11 22

STADTRUNDFAHRTEN

Die meist zweistündigen Touren führen in der Regel durch die Innenstadt in Richtung Hafen, einige Anbieter fahren auch noch um die Außenalster. Gestartet wird immer von den St. Pauli-Landungsbrücken und von den extra gezeichneten Haltestellen an der Kirchenallee (Rückseite Hauptbahnhof). In der Saison, März–Okt., fahren die Busse normalerweise täglich im 30-Minuten-Takt zwischen 10 und 17 Uhr. Im Winterhalbjahr erfragt man am besten die genauen Abfahrtzeiten beim Busfahrer. Aufgrund von schlechtem Wetter oder mangels Publikum werden Stadtrundfahrten auch schon mal abgesagt. Preise: Erwachsene um 18 €, Kinder bis zwölf Jahre frei, ermäßigt um 10 €, Besitzer der Hamburg CARD erhalten meist eine Ermäßigung.

STADTFÜHRUNGEN

Die Tourismuszentrale bietet verschiedene Führungen an, zum Beispiel die sehr erfolgreiche Hurentour, die rechts und links der Reeperbahn stattfindet. Weitere Themenrundgänge können auch bei folgenden Vereinen, Institutionen und Verbänden gebucht werden:
Offizielle Gästeführer: Stadtrundfahrten und Rundgänge in vielen verschiedenen Sprachen über www.hamburger-gaestefuehrer.de
Museumsdienst Hamburg: Historische Stadtrundgänge zu Themen der Arbeitswelt. Die Touren können über T 040 428 13 10 gebucht werden.
Stattreisen Hamburg e. V.: Rundgänge abseits der klassischen Sightseeingstrecken. T 040 87 08 01 00 (Infoline), www.stattreisen-hamburg.de
Hamburg Greeter: Ehrenamtlich arbeitende Hamburger zeigen den Gästen ihre Stadt, www.hamburg-greeter.de.

SCHIFFSRUNDFAHRTEN

Auf der Alster: Die weiße Flotte der ATG-Reederei liegt am Anleger Jungfernstieg, T 040 357 42 40.
Hafenrundfahrten: Wer in Hamburg keine Hafenrundfahrt gemacht hat, kennt nur die halbe Stadt. Alle Rundfahrten beginnen an den St. Pauli-Landungsbrücken und dauern meist eine Stunde. Die Auswahl ist groß, die Anzahl der Veranstalter entlang der

MIT DEM RAD UNTERWEGS

Fast überall in der Stadt und in der gesamten City kann man gut Rad fahren. Besonders schön sind Radtouren rund um die Alster, entlang der Elbe und in den diversen Parkanlagen der Stadt.
278 Ausleihstationen und mehr als 3100 Fahrräder von **StadtRAD** befinden sich an vielen S- und U-Bahnhöfen im Innenstadtbereich sowie an wichtigen touristischen Einrichtungen. Die roten Leihräder können an allen Stationen ausgeliehen und wieder zurückgegeben werden, indem das Fahrrad dort mit einem Sperrriegel angeschlossen wird. Die ersten 30 Minuten StadtRAD sind kostenlos. Danach fällt eine Leihgebühr an. Der maximale Preis pro Tag beträgt 15 €, BahnCard-Kunden bekommen einen Nachlass. Wer ein StadtRAD ausleihen will, muss sich beim ersten Mal vorab im Internet oder telefonisch für 5 € registrieren lassen – danach kann's sofort losgehen.
Infos: www.stadtradhamburg.de oder T 040 822 18 81 00
Räder kann man auch leihen bei: **Rent a bike,** T 0176 222 975 28, www.rentabike-hamburg.de, 14 €/Tag; **Hamburg City Cycles,** Bernhard-Nocht-Str. 89–91, T 040 74 21 44 20, 16 €/Tag.
Von erfahrenen Stadtführern werden auch **Besichtigungstouren per Rad** angeboten. Abseits der Hauptverkehrsstraßen radelt man dann durch Hamburg. Zu buchen unter:
www.hamburg-anders-erfahren.de, T 0178 640 18 00 und www.hamburg-radtour.de, T 0172 511 76 57, von der City bis in die HafenCity, 3–4 Std.

Landungsbrücken (zwischen Brücke 1 und 9) als auch der Schiffstypen ist sehr hoch. Der Vorteil der großen Fähren ist, dass sie meist ein offenes Oberdeck besitzen, ideal bei schönem Wetter. Häufig werden auch Verzehrmöglichkeiten angeboten. Die kleineren Barkassen sind einfacher ausgestattet, dafür sind sie wendiger und haben weniger Tiefgang. Daher können sie bei Flut in die Fleete der Speicherstadt hineinfahren.
Preise: Erwachsene um 19 €, für Kinder, Gruppen ab 5 Personen und Hamburg-CARD-Inhaber ermäßigt

Bootsverleih
Sich bei schönem Wetter ein Ruder- oder Segelboot zu mieten, ist bestimmt eine gute Idee. Die Preise sind bezahlbar und vom Wasser aus bieten sich interessante Perspektiven auf die Stadt. Preise um 15 € pro Std. für 2 Pers. Von April bis Okt. haben die meisten Verleiher geöffnet.
Bobby Reich: Fernsicht 2, T 040 48 78 24
Gesines Tretbootverleih: Alsterufer 2a, T 040 45 00 03 65
Kapitän Hans Pieper: An der Alster/ Atlanticsteg, T 040 24 75 78
Bootsverleih Stute: Schöne Aussicht 20a, T 040 22 69 86 57
Bootshaus Silwar: Eppendorfer Landstr. 148b, T 040 47 62 07

DIE STADT VON OBEN

Rundflüge über die Stadt werden ab Flughafen Fuhlsbüttel angeboten. Bei www.hubschrauberflug.de, T 09181 522 99 60 stehen verschiedene Typen zur Verfügung. Der kleine Rundflug dauert 20 Min. (195 €), die große Runde 30 Min. (249 €). Wer die klassische Cessna 172 bevorzugt, ist bei www.jochen-schweizer.de richtig: Rundflug mit Frühstück (30 Min. ab 249,90 €/2 Pers.).
Deutlich günstiger ist die **Aussicht vom Fernsehturm** aus: Im Volksmund Telemichel genannt, wird er Ende 2023 nach seiner Sanierung wieder die Aussichtsplattform für Besucher öffnen.

O-Ton Hamburg

daddeln
rumspielen, zocken
z.B. am Daddelautomaten (Glücksspiel)

fünsch
frech, vorlaut
so etwa wie Klein Erna

LÜTT
klein geraten
in der Gastro gerne in Bezug auf Portionsgrössen

Wuling
Unordnung und Durcheinander

tüdelich
im Kopf verwirrt
komme in'n Tüdel – komme durcheinander

Buddel
Flasche
bei Heavy-Usern: Ich mach mal 'ne Buddel klar

ANGETÜTERT
betrunken
nicht zu verwechseln mit tüdelich

schmöken
rauchen
nur ›old school‹-Drogen wie Tabak

Büx
Hose
hört man heute fast nur noch im Ohnsorg-Theater

hökern
handeln (mit Dingen)
nicht im philosophischen Sinn

BRASS
schlechte Laune
gerne auch »Ich habe einen Brass auf…«

Das Klima im Blick

Reisen bereichert und verbindet Menschen und Kulturen. Wer reist, erzeugt auch CO_2. Der Flugverkehr trägt mit bis zu 10 % zur globalen Erwärmung bei. Wer das Klima schützen will, sollte sich – wenn möglich – für eine schonendere Reiseform entscheiden oder die Projekte von atmosfair unterstützen. Flugpassagiere spenden einen kilometerabhängigen Beitrag für die von ihnen verursachten Emissionen und finanzieren damit Projekte in Entwicklungsländern, die dort den Ausstoß von Klimagasen verringern helfen (www.atmosfair.de). Auch die Mitarbeiter des DuMont Reiseverlags fliegen mit atmosfair!

Abbildungsnachweis

Getty Images, München: S. 31 (Hans-Peter Merten)
Glow Images, München: S. 83, 120/3 (imagebroker)
Huber-Images, Garmisch-Partenkirchen: S. 26 (Gabriele Croppi); 25, 45 (Maurizio Rellini)
iStock.com, Calgary (CA): S. 21 (Horst Gerlach); 33 u. (Meinzahn); 28 (Timo Weis); 35 (Tobias Helbig)
laif, Köln: S. 44 (Achim Multhaupt); 120/1 (Allpix/Eric Catarina); Umschlagklappe vorn, 46, 98 (Bernd Jonkmanns); 94 (Christian Kerber); 8/9 (Christian O. Bruch); 49, 51 (Dagmar Schwelle); 30 o. (David Maupile); 34 (Enver Hirsch); 120/4 (Eva Haeberle); 65, 69, 72/73, 78/79 (Frank Siemers); 120/2 (Gianni Occhipinti); 77 (Gulliver Theis); 97, 102 (hemis.fr/Ludovic Maisant); 80 (Johannes Arlt); Titelbild, Faltplan, 12/13, 14/15, 16/17, 54 (Jörg Modrow); 42, 52, 76 (Le Figaro Magazine/Eric Martin); 96 (Malte Jaeger); 86 (Sabine Bungert); 59, 61 u. (Stefan Volk); 38, 89 (Thomas Ebert)
Lookphotos, München: S. 4 o., 70 u., 93 (Arnt Haug); 23 (Engel & Gielen); 62 (Hauke Dressler); 40 (Heinz Wohner); 7 (Markus Hertrich); 36, 66, 68 (Travel Collection); 30 u. (Wilfried Feder) Martin Langer, Hamburg: S. 20
Mauritius Images, Mittenwald: S. 120/5 (Alamy/Andrew Unangst); 120/6 (Alamy/Reynaldo Chaib Paganelli); 101 (Alamy/Stockimo/Michael Collard); 120/7 (Alamy/Zoonar GmbH); 75 (Ingo Boelter); 61 o. (Travel Collection/Christina Körte); 57 (Travel Collection/Gulliver Theis); 33 o., 120/9 (United Archives)
picture-alliance, Frankfurt a. M.: 120/8 (ABB/Breuel-Bild); 41 (Bodo Marks); 90 (Christian Charisius); 63 (Daniel Bockwoldt); 64 (Felix Hörhager); 84, 104 (Frank Siemers)
Stefan Scholtz, Hamburg: S. 22
Stock.adobe.com, Dublin (IE): S. 91 (bildschoenes); 110 (Florian Kunde); 85 (FotoHamBorg); 4 u. (inspi); 27 (Rangzen)
Visum, München: S. 70 o. (Achenbach-Pacini); 48 (Peter Hein)
Zeichnungen: S. 2, 11, 37, 43, 55 (Gerald Konopik, Fürstenfeldbruck); 5 (Antonia Selzer, St. Peter)

Kartografie

© DuMont Reiseverlag, Ostfildern

Umschlagfoto

Titelbild: Elbphilharmonie

Hinweis: Autor und Verlag haben alle Informationen mit größtmöglicher Sorgfalt geprüft. Gleichwohl sind Fehler nicht vollständig auszuschließen. Alle Angaben erfolgen ohne Gewähr. Bitte schreiben Sie uns! Über Ihre Rückmeldung zum Buch und Verbesserungsvorschläge freuen sich Autor und Verlag:
DuMont Reiseverlag, Postfach 3151, 73751 Ostfildern,
info@dumontreise.de, www.dumontreise.de

FSC
www.fsc.org
MIX
Papier aus verantwortungsvollen Quellen
FSC® C018236

3., aktualisierte Auflage 2023
© DuMont Reiseverlag, Ostfildern
Alle Rechte vorbehalten
Autor: Ralf Groschwitz
Redaktion: Sabine Zitzmann-Starz, Sebastian Schaffmeister
Bildredaktion: Stefan L. Scholtz
Grafisches Konzept: Eggers+Diaper, Potsdam
Printed in Poland

Kennen Sie die?

Fatih Akin
Großes Kino made in Hamburg. Für seinen Film »Aus dem Nichts« (2017) bekam er einen Golden Globe.

Ina Müller
Wahlhamburgerin, Quasselstrippe und Sängerin aus Passion. 2018 wurde ihr der Paul-Linke-Ring verliehen.

Karl Lagerfeld
Karl forever! Einziger deutscher Modemacher, der international Maßstäbe setzte und zählte.

Tim Mälzer
Erneuerer der Hausmannskost oder Futtern wie bei Muttern. Kochbücher, Kochshows, Preisregen. Einfach Bombe.

Hamburger
Wer hat's erfunden? Es ist nicht ganz klar, ob Amerikaner oder Hanseaten dem Fleischklops zum Siegeszug verholfen haben.

Udo Lindenberg
Nuscheltalent und Spracherneuerer. Seine Panikzentrale befindet sich seit 20 Jahren in einer Suite des Atlantic Hotels.

(Karl-Heinz) Kalle Schwensen
Kiezgröße mit Schnauzbart und Hang zu dunklen Brillengläsern.

Jan Fedder
Genauso ist der Hamburger, so wie Dirk Matthies im Großstadtrevier – denkt man jedenfalls im Rest der Republik.

Beatles
Yeah, yeah, yeah – der Siegeszug der Pilzköpfe rund um die Welt startete mit Auftritten in einem Stripclub in Hamburg.